GUTIERRES SIQUEIRA

PNEUMATOLOGIA

UMA PERSPECTIVA **PENTECOSTAL**

Copyright ©2023, de Gutierres Fernandes Siqueira

Todos os direitos desta publicação são reservados por Vida Melhor Editora LTDA.

As citações bíblicas sem indicação da versão *in loco* foram extraídas da Nova Versão Internacional. Outras citações foram extraídas das versões cujas siglas se encontram na "Lista de reduções".

Os pontos de vista desta obra são de responsabilidade de seus autores e colaboradores diretos, não refletindo necessariamente a posição da Thomas Nelson Brasil, da HarperCollins Christian Publishing ou de sua equipe editorial.

Publisher	*Samuel Coto*
Editor	*André Lodos Tangerino*
Produção editorial	*Fabiano Silveira Medeiros*
Preparação	*Daila Fanny*
Revisão	*Gabriel Braz e Bruno Echebeste Saadi*
Diagramação	*Sonia Peticov*
Capa	*Daniel Brito*

Dados Internacionais de Catalogação na Publicação (CIP)

(BENITEZ Catalogação Ass. Editorial, MS, Brasil)

S541p   Siqueira, Gutierres
1.ed.   Pneumatologia : uma perspectiva pentecostal / Gutierres Siqueira. – 1.ed. –
Rio de Janeiro : Thomas Nelson Brasil, 2023.
160 p.; 13,5 x 20,8 cm.

Bibliografia.
ISBN 978-65-5689-534-5

1. Espírito Santo. 2. Pentecostalismo. 3. Pneumatologia. 4. Teologia sistemática. I. Título.

02-2023/35   CDD: 231.3

Índice para catálogo sistemático

1. Pneumatologia : Cristianismo   231.3

Bibliotecária responsável: Aline Graziele Benitez CRB-1/3129

Thomas Nelson Brasil é uma marca licenciada à Vida Melhor Editora LTDA.
Todos os direitos reservados à Vida Melhor Editora LTDA.
Rua da Quitanda, 86, sala 218 — Centro
Rio de Janeiro — RJ — CEP 20091-005
Tel.: (21) 3175-1030
www.thomasnelson.com.br

SUMÁRIO

Prefácio	5
Lista de reduções	11
Introdução	13
1. Pneumatologia: o que é isso?	19
2. Experiências espirituais: êxtase e transe	26
3. O nabiísmo e os primeiros profetas de Israel	32
4. O Espírito Santo nos escritos de Lucas	42
5. O Espírito Santo no Evangelho de João	56
6. O Espírito Santo nos escritos e na vida de Paulo	61
7. O batismo no Espírito Santo	67
8. Dons Espirituais ou talentos naturais?	78
9. Definindo dons espirituais	85
10. A cura divina	91
11. O dom de profecia	101
12. A profecia e a teologia da prosperidade	110
13. O falar em línguas	118
14. O fruto do Espírito Santo	126
15. O Espírito Santo na história da igreja	133
16. Criação e ecologia	142
Bibliografia	149

PREFÁCIO

Quem sabe você, que tem este livro em mãos, seja uma pessoa curiosa por discussões teológicas e teve o interesse despertado pelo título: *Pneumatologia*. Quem sabe você professe ser um cristão carismático, ou estude o movimento, e foi atraído pelo subtítulo: *uma perspectiva pentecostal*. Quem sabe, como é mais provável, integre o público que acompanha com atenção as produções do autor, Gutierres Siqueira. Em qualquer um dos casos, a leitura do volume se mostrará de proveito máximo. Na linguagem e no ritmo, trata-se de uma obra introdutória, didática e acessível. No exame dos temas, trata-se de uma incursão em teologia sistemática, especificamente na doutrina do Espírito — subsidiada por muitos aportes de teologia bíblica e de teologia histórica. No propósito perseguido, trata-se do compartilhamento de um aprendizado. Com a palavra, o autor:

> Meu trabalho é praticamente de tradução. O que aprendo, tento transmitir. O que absorvo em leituras e pesquisas, divulgo em textos que tentam honrar os eruditos, mas que não sejam impeditivos aos leigos.

O resultado é duplamente enriquecedor. De um lado, a cada publicação os leitores crescem com o amadurecimento de Gutierres. De outro, cada lançamento reflete o estado do saber

PNEUMATOLOGIA

estabelecido sobre o assunto; incorpora o que se passou a discutir, publicamente ou na academia. Sendo o tema o Espírito, o caráter de tal progresso não é o do acúmulo de conhecimentos, mas — convidando-nos já aí à união de inteligência e espiritualidade — o da descoberta contínua. Observa de novo o autor que

> a teologia tem acompanhado o avanço gradual e extraordinário do sopro do Espírito, por meio de ampla reflexão sobre o papel do Espírito na vida do ser humano, da igreja e do próprio cosmo.

Assimilar e dar a conhecer esse avanço acaba por ser um dos modos de ouvir, e fazer ecoar, a conclamação bíblica "não apaguem o Espírito". Explicitando essa fonte motivadora, Gutierres lembra a histórica conferência de Karl Rahner, homônima ao versículo paulino, na qual se aponta, conforme nosso autor resume, que "o mais grave da advertência do apóstolo não está apenas na lembrança de que o Espírito pode ser extinto da igreja, mas que nós podemos ser esses extintores". Aqui está, penso, a maior contribuição deste novo livro. Quero dizer, em incorporar à piedade evangélica — disponibilizando com vocabulário direto, e dando como resposta a cada uma das dúvidas mais simples — o entendimento cristão sobre a presença do Espírito: sobre como ela se expressa (porque fundamenta e porque se entranha) no que somos, no que é a vida, no que é o universo.

É como se estivéssemos ante um esforço de, digamos, uma teologia sistemática popular, ambicionando que quem o lê se atraia pela pertinência ontológica da fé carismática — ou seja, pela adequação e pelo efeito positivamente transformador que a experiência cristã do Espírito apresenta diante da condição

PREFÁCIO

humana e de nossos desafios mais fundamentais. Faz parte do que as pessoas de nosso tempo se perguntam (consciente ou inconscientemente, alega Gutierres): se o que há de espiritual em nossas vidas é uma energia cósmica, ou uma emanação divina, ou um estado psicológico que medeia este mundo com algo além. O pentecostalismo aparece como atualização teórica e como vivência concreta da resposta cristã clássica: trata-se de uma Pessoa. No mínimo, desprezando o que cristãos pentecostais experienciam sobre Deus, correríamos o risco de desprezar algo do que Deus é. Com efeito, e segundo os termos da dogmática, desprezaríamos um dos membros da Trindade, justo aquele que comparece ao mundo por intermédio de nossos corpos. "É, portanto", o autor sintetiza com singeleza e profundidade, "curioso e necessário conhecer melhor a Pessoa que faz do nosso corpo um recinto".

Temos perante nós uma pneumatologia; e tanto mais genuíno é o proveito que ela alcança por Gutierres a conduzir, desde dentro dessa vivência singular, a perspectiva pentecostal. Ele lhe dá vazão de modo seguro, sem melindres. Sabedor de que defende um olhar insuspeito de emocionalismo, acha-se à vontade para admitir e enaltecer o fato de que falar da experiência carismática implica, sim, recusar uma razão que se oponha aos sentimentos. O autor redescobre a mística hebraico-cristã entre as raízes pentecostais, e a revisita no Israel antigo, no Novo Testamento e no cristianismo medieval. Encontra precedentes que o põem simpático a formas cúlticas, sobretudo musicais, frequentemente criticadas. Mais importante, não transige com o lugar do êxtase, desde que escrupulosamente separado do transe. Enquanto enxerga neste uma inconsciência atordoada, identifica naquele uma razão experiencial. Sob tal diferença, expõe o que presume ser o contraste entre cristianismo e paganismo ou animismo. Evidencia, ademais, o correlato religioso-litúrgico do que se provou a pertinência ontológica da experiência pentecostal: pois esta, fazendo os carismas comporem o culto, lembra aos cristãos que, tanto a redenção pela qual são gratos, como o culto que oferecem em gratidão, são dons de Deus. O pentecostalismo assim dá corpo, na teoria e na prática, à definição de Yves Congar: "O cristianismo [...] é, pelo dom do Espírito de Cristo, uma ontologia da graça...".

Não é por acaso que as duas possíveis citações-chave do livro, a de Rahner e a de Congar, provenham da teologia católica moderna. Estreitando os desafios dos quais a obra é pertinente, pode-se ver nela uma intervenção prática no choque de ontologias que hoje se dá no mundo — e, muito particularmente, no Brasil. Ao mesmo tempo que a fé carismática vai se tornando a expoente-mor da cristandade global, este que é um dos países mais pentecostais do mundo pouco produz de reflexão nativa a respeito do tema. É também em reação a este quadro que Gutierres Siqueira escreve. E, se aqui a mudança de panorama se dramatiza por nossa profunda identidade católica, o autor fornece, conscientemente ou não, elementos para atravessarmos com responsabilidade a nossa encruzilhada histórica. Mais de uma vez ele remete à infância no catolicismo, e lembra com naturalidade os elementos evangélicos que povoavam o Brasil católico. Aí está um dado biográfico que eleva à superfície uma constatação subjacente a todo o texto, a saber: a recusa categórica da experiência carismática é uma inovação arbitrária do protestantismo racionalista, e o que, antes ao contrário, é comum ao tesouro cristão é uma atitude de abertura a ela.

Em todo caso, a adesão de Gutierres ao evangelicalismo é decidida, e por isso as sugestões que ele tem a dar — a desafios quer do Brasil, quer da contemporaneidade — são como que as conquistas resultantes de posições doutrinárias bem definidas. Em particular, a tese pentecostal distintiva, do batismo

PREFÁCIO

no Espírito como fenômeno tanto diverso da conversão como diverso do batismo com água, faz desse movimento uma alternativa seja ao sacramentalismo, que torna católicos vulneráveis a uma fé clericalista, seja ao moralismo, que leva protestantes a oscilar entre uma religiosidade pietista e uma religiosidade racionalista. Por sorte ou providência, a mais erudita pesquisa bíblica não cansa de ratificar a intuição pentecostal sobre o batismo, e Gutierres se esmera em expor essa confirmação. O mais importante é que ele o faz com diligência, deixando a pneumatologia readequar-se à teologia bíblica. É respeitando, e não desprezando, a abrangência e a profundidade que a presença do Espírito segundo a Escritura contém, que a perspectiva descrita pelo autor alcança a pertinência ontológica que, segundo destaco, ela demonstra ter.

Por exemplo, o papel de nutrir e fertilizar a criação, que o texto bíblico atribui ao Espírito, leva Gutierres a não ignorar as consequências ecológicas da fé pentecostal. Igualmente, a continuidade orgânica, postulada na Bíblia, entre talentos humanos e dons carismáticos faz nosso autor elencar a política como tema pneumatológico, tanto quanto tópicos teológicos mais autoevidentes. De modo ainda mais impactante para a elaboração pentecostal, o destaque conferido por autores bíblicos à elocução profética — como efeito básico de toda vivência extática do Espírito divino — induz Gutierres a assumir a profecia como experiência carismática modelar, sendo inclusive a glossolalia um caso particular dela. Essa minúcia teológica obtém efeitos importantes. Até mesmo a censura a fenômenos neopentecostais, como o curandeirismo e a dita teologia da prosperidade, ganha novo e poderoso crivo: não somente sua hermenêutica está equivocada, mas eles banalizam o mais fundamental dos signos do Espírito, o êxtase profético. Mais ainda, estes desvios aparecem como versões internas do próprio estado de coisas para as quais o pentecostalismo se propõe como saída possível. Gutierres destaca com agudeza que eles partilham da visão mágica em que consiste a pneumatologia alternativa à carismática. Rejeitá-los será parte do mesmo esforço de professar o Espírito trinitário como Espírito: de acusar — tal como os cristãos que, sob pleno Império Romano, vivenciaram o Pentecoste — a ligação sutil mas humanamente inquebrantável entre niilismo, consumismo e superstição.

Em suma, as sugestões que este livro planta guardam força para atuar, intelectual e vivencialmente, em dilemas que hoje confrontam a todos. Que este primeiro teste, a sua leitura — seja como for que você chegou a ela —, não falhe em beneficiar-se dessa fertilidade. Se estes frutos precisam ser remetidos a algo, é ao que a experiência pentecostal, refletida na obra, insiste em dizer, convidativamente: que, onde quer que esteja o Espírito, o que há aí é vida.

ANDRÉ GOMES QUIRINO,
graduado e mestre em filosofia pela USP e
graduando em teologia pela Universidade Mackenzie

LISTA DE REDUÇÕES

A21 Almeida Século 21 (Vida Nova, 2008)

ARA Almeida Revista e Atualizada (Sociedade Bíblica do Brasil, 1993)

ARC Almeida Revista e Corrigida (Sociedade Bíblica do Brasil, 2009)

AYBD The Anchor Yale Bible Dictionary

BJ Bíblia de Jerusalém (Paulus, 2002)

cp. compare

espec. especialmente

gr. grego

hebr. hebraico

lat. latim

LXX Septuaginta

NAA Nova Almeida Atualizada (Sociedade Bíblica do Brasil, 2017)

NBV Nova Bíblia Viva (Sociedade Bíblica do Brasil, 2007)

NTLH Nova Tradução na Linguagem de Hoje (Sociedade Bíblica do Brasil, 2000)

NVI Nova Versão Internacional (Bíblica, 2011)

NVT Nova Versão Transformadora (Mundo Cristão, 2016)

TB Tradução Brasileira (Sociedade Bíblica do Brasil, 2010)

TEB Tradução Ecumênica da Bíblia (Loyola, 2020)

INTRODUÇÃO

PARE E PENSE NO CULTO DO ÚLTIMO DOMINGO. Você certamente ouviu muito a respeito de Deus nas orações, nas músicas e na pregação. É bem provável que você tenha cantado alguns hinos que falavam de Jesus. Mas e o Espírito Santo? Curiosamente, talvez você tenha dificuldade de lembrar alguma música ou até mesmo alguma menção ao Espírito Santo no sermão. Agora, por favor, pense na oração mais recente que você fez e responda: "Quem eram as pessoas da Trindade envolvidas nessa oração?".

É curioso saber que pouco falamos ou refletimos sobre o Espírito Santo no dia a dia. Sabemos que Deus é, ao mesmo tempo, um e três. É Pai, Filho e Espírito Santo. Todavia, a vida cristã parece girar apenas em torno das pessoas do Pai e do Filho.

Mas, por você ser uma pessoa nascida de novo, o Espírito Santo habita em seu corpo. Como escreveu o apóstolo Paulo: "Acaso não sabem que o corpo de vocês é santuário do Espírito Santo que habita em vocês, que lhes foi dado por Deus, e que vocês não são de si mesmos?" (1Coríntios 6:19). Você é a catedral em que o Espírito Santo mora. Caso alguém peça o endereço do Espírito de Deus, seu corpo é para onde a correspondência deve ser direcionada. É a presença do Espírito Santo em sua vida que, aliás, garante sua esperança futura na ressurreição do corpo: "E, se o Espírito daquele que ressuscitou Jesus dentre os mortos habita em vocês, aquele que ressuscitou a Cristo dentre os mortos também dará vida a seus corpos mortais, por meio do seu Espírito, que habita em vocês" (Romanos 8:11). A vivência com o Espírito Santo é muito concreta. Não é meramente mental ou espiritual; ela também envolve — e de forma especial — o corpo. É, portanto, curioso e necessário conhecer melhor a Pessoa que faz do nosso corpo um recinto.

Meu primeiro contato com o Espírito Santo aconteceu na infância. Quando eu era criança, frequentava uma igreja católica carismática com minha mãe. Lá, falava-se em línguas — o que os teólogos chamam de *glossolalia* — e cantava-se muita música, incluindo canções oriundas do movimento evangélico. Lembro-me bem de uma música que cantávamos chamada "Espírito". Em um trecho, a letra em forma de oração dizia: "Vem controlar todo o meu ser; vem dirigir o meu viver; o meu pensar; o meu falar; o meu sentir; o meu agir". Na época, eu tinha nove ou dez anos, e essa música me despertava um sentimento diferente. Era uma oração realmente sincera que eu fazia. Na mesma igreja, tínhamos o costume de cantar outra música com a temática do Espírito Santo, chamada: "Vem, Espírito, sozinho eu não posso mais viver".

Minha relação com o Espírito Santo se aprofundou quando, aos 12 anos, juntei-me ao evangelicalismo pentecostal numa Assembleia de Deus. Logo nos primeiros dias, fui ensinado sobre a importância do batismo no Espírito Santo. O Espírito Santo estava ali, mais uma vez, chamando-me para ter uma relação profunda com ele.

Quando falo do sentimento que as músicas despertavam em mim, algumas pessoas podem ter soado o alerta da correção doutrinária, advertindo sobre os riscos do sentimentalismo religioso. Estou ciente desses riscos e abordarei tal assunto ao longo deste livro. Mas, como esta é uma obra sobre o Espírito

INTRODUÇÃO

Santo, ela não ignora o risco da *ausência* de sentimento religioso na vida do cristão. Meu desejo é que a leitura deste livro incentive você a buscar a chama do Espírito Santo, a chama que aquece o coração humano. É minha oração que o Senhor, sim, que o Espírito Santo de Deus, incendeie sua vida com o fogo pentecostal: o fogo que purifica, limpa, transforma e renova. Vem, ó, Espírito! Deus quer tocar sua vida na totalidade, incluindo suas emoções e seus amores mais profundos.

O livro que você tem em mãos é um estudo sobre pneumatologia. É introdutório, em linguagem não acadêmica, mas com conteúdo presente nos tratamentos acadêmicos mais recentes. Minha primeira formação universitária é o jornalismo. Escrevo como jornalista. Meu desafio é transmitir, em uma linguagem acessível, os estudos de eruditos bíblicos e exegetas, mesmo não sendo especialista; afinal, não sou especialista em língua e literatura hebraica, nem sou exegeta profissional. Meu trabalho é praticamente de tradução. O que aprendo, tento transmitir. O que absorvo em leituras e pesquisas, divulgo em textos que tentam honrar os eruditos, mas que não sejam impeditivos aos leigos.

Assim, sigo algumas diretrizes:

1. Os termos teológicos técnicos são explicados.
2. Há poucas citações nas línguas originais (grego e hebraico); e, quando ocorrem, são transliteradas para o alfabeto latino.
3. Há poucas citações de outros autores, embora o livro tenha muitas notas de rodapé para indicar as fontes bibliográficas das ideias apresentadas.

Outro ponto importante é que o livro está dividido em capítulos curtos. O objetivo é facilitar a leitura, especialmente em pequenos grupos e classes de escola dominical. E, embora a estrutura seja naturalmente em ordem sistêmica e confessional, já que a perspectiva é pentecostal, sempre que possível o tema é trabalhado em diálogo com a teologia bíblica e a teologia histórica. Mas tenha calma! Não feche o livro ainda, pois vou explicar a você todos esses conceitos aparentemente difíceis. Afinal, qual é a diferença entre teologia sistemática, teologia bíblica e teologia histórica? E qual é a relação desses conceitos com o estudo sobre o Espírito Santo?

O século 20 ficou conhecido, nas palavras do historiador pentecostal Vinson Synan, como o "Século do Espírito".[1] Em 1906, ocorreu o avivamento da rua Azusa (Los Angeles, EUA), e a década de 1960 assistiu ao avivamento carismático nas igrejas históricas e na Igreja Católica. De algumas centenas, o número de cristãos em todo o globo passou a alguns milhões.

De forma semelhante, o século 21 está cada vez mais carismático. Os movimentos pentecostais crescem em todo o mundo, especialmente no sul global, e a teologia tem acompanhado o avanço gradual e extraordinário do sopro do Espírito, por meio de ampla reflexão sobre o papel do Espírito na vida do ser humano, da igreja e do próprio cosmo. Nunca se escreveu tanto sobre o Espírito Santo, mesmo na teologia cristã mais ampla. Porém, de forma paradoxal, mesmo sendo a igreja brasileira uma das mais carismáticas do mundo, ainda há pouco material de autores nacionais refletindo sobre o Consolador de nossas almas. Este livro pretende preencher parte dessa lacuna.

Espero que, com a leitura deste livro, você tenha uma visão geral do estudo sobre o Espírito Santo numa perspectiva pentecostal. Meu desejo e minha oração são que a leitura de cada

---

[1] Synan, O século do Espírito Santo, p. 10.

capítulo anime você a buscar ainda mais a presença do Espírito Santo em seu cotidiano, em sua família e em seu ministério. Que haja renovação, edificação e alegria em sua vida! E, ao final, que você ore comigo em comunhão: "Vem, ó Espírito, vem sobre todos nós! Derrama teu fogo purificador e nos mergulha nas águas profundas da tua presença consoladora!".

1

PNEUMA-TOLOGIA: O QUE É ISSO?

Os teólogos falam em línguas estranhas, especialmente em grego, hebraico e latim. A teologia, assim como qualquer ciência, está cheia de termos técnicos distantes da pessoa comum. Não falo isso em tom de crítica; pelo contrário. Estou ciente de que termos técnicos são necessários porque ajudam a sintetizar conceitos.

Um desses termos é *pneumatologia* (do gr., *pneuma*, "espírito", e *logos*, "ensino, doutrina"). A pneumatologia é o estudo sobre o Espírito Santo. Entre os diversos assuntos da pneumatologia, estão: criação do cosmo, novo nascimento, santificação, dons espirituais, batismo no Espírito Santo, missões e até mesmo política.

Como reflexão teológica, a pneumatologia é um ramo da *teologia sistemática*. Como o próprio nome já diz, a teologia sistemática trabalha com uma cadeia de conceitos interligados, os quais funcionam como uma estrutura única. É, por assim dizer, como qualquer sistema. Pense, por exemplo, no sistema eleitoral. Nele, temos candidatos, partidos, eleitores, cabos eleitorais, mesários, juízes etc. A soma de todos esses elementos constitui um sistema de votação, apuração e validação dos votos. Ou talvez você ainda se lembre das aulas de biologia sobre o sistema digestivo ou o sistema nervoso, nos quais diferentes órgãos estão interligados, funcionando em conjunto, em prol de um resultado esperado. A teologia sistemática também é um sistema. Nela, encontramos diversos *tópicos* relacionados à Bíblia, como, por exemplo, a teontologia (estudo do ser de Deus), a cristologia (estudo sobre Jesus), a pneumatologia (estudo sobre o Espírito Santo), a bibliologia (estudo sobre as Sagradas Escrituras) e assim por diante. Como este livro tem o objetivo de apresentar uma teologia do Espírito Santo de forma organizada, naturalmente você tem em mãos um trabalho de teologia sistemática.

Embora a estrutura deste livro esteja em ordem sistêmica, e seu conteúdo seja confessional, já que a perspectiva é pentecostal, o tema dialogará com a teologia bíblica e com a teologia histórica sempre que possível. (Calma, não feche o livro! Logo explicarei todos esses conceitos.)

Apesar de suas virtudes, a teologia sistemática é limitada. Como sistema, depende de estruturas de organização que nasceram fora da Bíblia. O sistema é, simultaneamente, a grandeza e a fraqueza desse método de construção teológica. Ao focar essencialmente na sistematização, que é um meio de organizar doutrinas e ideias, é possível perder de vista, com facilidade, o objetivo central da reflexão bíblica. Todas as teologias sistemáticas respondem, ainda que de modo inconsciente, a questões alheias ao próprio texto bíblico; ou seja, muitas vezes fazem perguntas às quais o autor original jamais intentou responder. Outro ponto importante a ser observado é que a Bíblia não foi escrita em cadeia sistemática. A Sagrada Escritura, pelo

PNEUMATOLOGIA: O QUE É ISSO?

contrário, é uma grande narrativa. Neste ponto, nasce a importância da *teologia bíblica*.

A definição de teologia bíblica não é fácil e soa até mesmo como um pleonasmo. Trata-se do exercício de absorver o conteúdo teológico de cada livro, de cada porção e de cada um dos dois Testamentos das Escrituras. Diferente da teologia sistemática, a teologia bíblica não pergunta primeiro "O que a Bíblia diz sobre tal assunto?", mas, sim, "O que a Bíblia está dizendo neste livro ou neste Testamento?". A intenção da teologia bíblica é analisar a Escritura sem um esquema prévio. Seu foco reside na diversidade de perspectivas do texto, por isso se fala em "teologia paulina", "teologia lucana", "teologia do Antigo Testamento", "teologia dos profetas", "teologia apocalíptica" etc. Só depois de traçar a ênfase de cada autor ou de determinado período é que a teologia bíblica abre espaço para a sistematização. A prioridade da teologia bíblica é entender cada autor segundo seus próprios termos para, então, pensar, numa segunda etapa, na unidade das Escrituras. Ela não despreza a unidade; pelo contrário, almeja-a. A teologia bíblica está bem próxima do exercício exegético.

Nenhuma proposta de teologia sistemática será bem-sucedida se desprezar a rica colaboração da teologia bíblica e da exegese. A exegese é o começo mais elementar da interpretação porque lida com as línguas originais e com o contexto histórico-cultural do texto escrito. A teologia bíblica resulta da exegese, ou seja, lida com os dados que a exegese fornece, informando-nos o pensamento dos autores originais em correspondência com a primeira audiência. Da mesma forma, não podemos ignorar o rico desenvolvimento da doutrina do Espírito Santo na história da igreja, como ainda é comum na cabeça de evangélicos que acham que as doutrinas cristãs foram reveladas de maneira "completa" no monte Sinai ou na mente dos apóstolos. Assim, este livro tem como proposta recuperar o entendimento sobre o Espírito Santo na história da igreja. A teologia histórica — como um estudo do desenvolvimento da doutrina — ajuda-nos a formar o senso de comunidade na construção teológica. Cada geração tem o dever de explorar os milhares de anos de história do cristianismo que a antecedem, passando pela patrística, a mística medieval, a Reforma, o pietismo e o metodismo, até chegar à teologia contemporânea. A história e a teologia são inseparáveis porque toda doutrina reflete preocupações de um momento específico. Desse modo, a teologia histórica é, em suma, a história do dogma. Garimpar a história é permitir que o dogma seja analisado em suas perenidade e transitoriedade.

A PNEUMATOLOGIA NA HISTÓRIA DA IGREJA

A teologia cristã pode ser dividida em três grandes períodos: patrístico, escolástico e moderno.

No primeiro período, a problemática era a cristologia (doutrina de Cristo); a soteriologia (doutrina da salvação); e o dogma trinitário. Na escolástica, a problemática principal era a teologia natural (a tentativa de provar a existência de Deus apenas por meio da filosofia, sem a revelação divina); a relação de Deus com o homem (justificação pela fé); e o dogma como mediação da racionalidade com a fé. No período moderno, que é o atual, o grande assunto da teologia é a antropologia, o próprio homem. É nesse contexto que nascem o liberalismo teológico, o romantismo e o fundamentalismo. Perceba que, se essa simples divisão resume dois milênios de teologia cristã, há, aqui, um detalhe interessante: a pneumatologia está em posição secundária.

A doutrina do Espírito Santo desenvolveu-se de maneira lenta e progressiva nos primeiros séculos da igreja cristã até o Concílio de Niceia, em 325 d.C. A principal preocupação da cristandade era a controvérsia cristológica, que dizia respeito à dupla natureza de Cristo — como Deus e homem. Além disso, a igreja cristã vivia sob intensa perseguição e, no decorrer dos tempos, houve um distanciamento do ministério do Espírito Santo, especialmente diante do crescimento da institucionalização. No segundo e no terceiro séculos, quando a questão trinitária ganhou relevância, a manifestação carismática esteve associada aos movimentos heréticos do montanismo e do gnosticismo. Obviamente, o desenvolvimento do estudo sobre a obra do Espírito Santo, e não necessariamente da Pessoa do Espírito Santo, ficou prejudicado — afinal, tópicos como profecia e glossolalia eram temas e interesses dos cismáticos.

Entre os pais da igreja, houve algumas importantes exceções no estudo pneumatológico. Entre eles, esteve o norte-africano Tertuliano (160-220 d.C.), teólogo envolvido na polêmica com os montanistas. Outro nome importante na patrística foi Basílio de Cesareia (330-379 d.C.). Sua obra, *O tratado sobre o Espírito Santo*,[1] é considerado o principal estudo pneumatológico dos primeiros séculos da igreja cristã. Os chamados pais gregos foram mais atuantes na pneumatologia.

O Espírito Santo não estava no foco do debate da Reforma no século 16. Nem se pode culpá-los por isso, pois o tempo é pouco para lidar com tantas controvérsias teológicas. Diante e depois da rigidez escolástica e do racionalismo iluminista, a doutrina do Espírito Santo ganhou novo fôlego no começo do século 20. É importante repetir que o pentecostalismo não redescobriu o Espírito Santo. O Espírito Santo nunca esteve ausente da igreja de Cristo. Sempre e continuamente, o Espírito sopra sobre sua

---

[1] Publicado no Brasil como: *Patrística: Basílio de Cesareia* (São Paulo: Paulus, 2012), vol 14.

santa igreja. Não é cabível a ideia de uma ausência do Espírito Santo neste mundo, nem mesmo nos cenários mais tenebrosos (cf. João 16:7-15). O pentecostalismo, porém, provocou uma chacoalhada intelectual na busca pela pneumatologia, seja pelos pentecostais, no desenvolvimento da excelência acadêmica, seja pelos não pentecostais, ao reagirem ao pentecostalismo.

A perspectiva desta obra é pentecostal. O movimento pentecostal não só colocou o Espírito Santo na roda de conversa dos teólogos, mas também produziu reflexões importantes sobre a atuação do Espírito Santo na vida da igreja. A contribuição do pentecostalismo ao cristianismo na totalidade não se resume à liturgia, à música e ao evangelismo, mas apresenta, especialmente nas décadas recentes, um vasto trabalho de erudição teológica sobre a Pessoa e a obra do Espírito Santo. Os teólogos pentecostais, desde o início do movimento pentecostal, lembram a tradição protestante de que o Espírito Santo não é apenas um operador de regeneração e santificação, da mesma forma que os católicos despertaram para a realidade de que o Espírito Santo não é um apêndice dos sacramentos ministrados pelos sacerdotes. O Espírito, o vento indomesticável, opera muito além de nossa limitada visão e de nossa cômoda institucionalização.

Em um mundo provido de um enorme cardápio de espiritualismos, energias, anjos e experiências místicas, não é incomum haver sede pelo entendimento *sobre* e *de* Espírito Santo. Mesmo com o avanço do secularismo, o senso de uma espiritualidade difusa continua no ar. Assim, muitas questões nascem no coração e no subconsciente dos homens e mulheres de nossa época: seria o Espírito uma Pessoa ou apenas uma energia que emana de Deus? É o Espírito uma derivação imaterial da matéria? Ou ainda: seria uma alma desencarnada que serve como ponte entre o mundo dos vivos e dos mortos?

A tradição cristã, a partir das Sagradas Escrituras, afirma, há séculos, que o Espírito Santo é uma Pessoa — e uma Pessoa que forma a comunhão da Santíssima Trindade. O Credo de Constantinopla o chama de "Senhor e Vivificador". É vivificador porque o Espírito Santo está no centro da geração da vida do homem. É a respiração da nova humanidade em Cristo. O Espírito Santo é Deus. Não é menor nem maior que o Pai e o Filho. Como diz o Credo de Atanásio, do século 4: "O Espírito Santo não foi feito, nem criado, nem gerado, mas procede do Pai e do Filho. Não há, pois, senão um só Pai, e não três Pais; um só Filho, e não três Filhos; um só Espírito Santo, e não três Espíritos Santos. E nesta Trindade não há nem mais antigo nem menos antigo, nem maior nem menor, mas, as três Pessoas são coeternas e iguais entre si". Que o Espírito Santo seja constantemente o nosso Deus conhecido!

2

EXPERIÊNCIAS ESPIRITUAIS: ÊXTASE E TRANSE

Nos ANOS 2000, eu era um adolescente recém-convertido. Naquela época, estava no auge a chamada "adoração extravagante". Eu amava esse tipo de música. Cada canção era uma oração profunda, em busca de intimidade com Deus. Mas havia uma frase comum entre os cantores do gênero que me incomodava. Eles diziam nas músicas e ministrações: "Estou embriagado pelo Espírito Santo" ou "Eu quero me embriagar do teu Espírito". Como assim? A embriaguez não é um estado de confusão mental causada pela bebida alcoólica? Meu escândalo com a frase era apenas excesso de pensamento concreto; eu desconhecia que embriaguez indica, figuradamente, "exaltação causada por grande alegria ou admiração", como lembra o *Dicionário Houaiss*.

Esse estado de exaltação, alegria e admiração é chamado de êxtase, experiência extática e transe pelos estudos das ciências da religião e da teologia. Entretanto, faço uma diferenciação entre êxtase (ou experiências extáticas) e transe. O êxtase (gr., *ékstasis*, do verbo *exístēmi*, que significa "sair do lugar") é um estado de emoção intensa que envolve prazer e temor; é um deslocamento, um deslumbramento. Durante o êxtase, a mente está consciente, mas distante dos objetos e do ambiente ao seu redor, enquanto foca totalmente na manifestação divina avistada e/ou sentida. No transe, a emoção intensificada retira o ser humano de sua consciência, mergulhando-o em um estado de certo caos. O transe (lat., *transīre*, no sentido de "passar de um lugar a outro") é sinônimo de manifestação sem controle e de suspensão da racionalidade. A psicóloga Rosileny Alves dos Santos Schwantes nos traz uma bela síntese que aponta a diferença entre êxtase e transe:

> Essa diferenciação dá-se no nível da consciência. No êxtase, as pessoas não perdem o contato com a realidade. Não perdem sua vigilância. Mas durante o transe não há registro consciente. Não há memória.[1]

Na linguagem popular, "êxtase" é quase sempre sinônimo de uma experiência irracional, mas não é esse o sentido da palavra quando eruditos bíblicos usam o termo. Na teologia, como bem observa Paul Tillich (1886-1965),

> o êxtase não é uma negação da razão; é um estado mental em que a razão está além de si mesma [...]. A "razão extática"

---

[1] Santos, *Entre a razão e o êxtase*, p. 40. Também estou consciente de que, para o observador externo, nem sempre é fácil distinguir entre êxtase e transe: "O êxtase e o transe devem ser considerados como constituindo polos opostos de um *continuum*, ligados por uma série ininterrupta de possíveis estados intermediários, de modo que, às vezes, é difícil determinar de qual dos dois se trata" (Rouget, 1985, p. 11).

continua sendo razão; ela não recebe nada irracional ou antir-racional — o que não poderia fazer sem se autodestruir, mas transcende a condição básica da racionalidade finita.[2]

Em outras palavras, o êxtase não despreza a razão; apenas reconhece que a razão não é absoluta, que não consegue responder a todos os dilemas humanos. Não encontramos todas as respostas em cálculos racionais. É importante considerar outras formas de conhecimento, como a intuição, a experiência e a fé, para compreender plenamente as questões humanas.

Em outras palavras, o êxtase é uma espécie de *razão prazerosa* ou *razão experiencial*, enquanto o transe é um *inconsciente atordoado*. No êxtase, a consciência não apenas está ligada a uma alegria intensa, mas também participa dessa experiência. No transe, a atenção e a consciência estão em um estado baixo, rarefeito e nebuloso. No êxtase, o que se sente é uma combinação simultânea de prazer e peso — sempre intensos e imensuráveis. No transe, o que se tem é também uma sensação de prazer e peso, mas que gera confusão e falta de comunicação com a própria mente. O êxtase é como a sensação de paixão, enquanto o transe é como a sensação de delírio.

Veja na tabela abaixo os pontos de contato e as diferenças entre êxtase e transe:

---

[2] Tillich, *Teologia sistemática*, p. 124. Em um sermão intitulado *Spiritual presence* [Presença espiritual], Paul Tillich observou: "Você pode dizer: 'nunca experimentei esse poder' [...]. De fato, o poder do Espírito pode provocar êxtase de um modo que nunca experimentamos. Pode nos conduzir a um tipo de autossacrifício que não estamos dispostos a fazer [...] pode nos inspirar a *insights* da profundidade do ser que permanecem inalcançáveis para a maioria de nós [...], mas, onde está o Espírito, aí há uma possibilidade, ainda que mínima, de êxtase; um elemento, ainda que fraco, de consciência do mistério da existência". Citado em Calvani, 2004, p. 138-72.

ÊXTASE	TRANSE
Emoção intensa	Emoção intensa
Um tipo novo de racionalidade	Desprezo pela racionalidade
Consciência viva	Consciência suspensa
Convivência entre razão e emoção	Tensão entre razão e emoção
Memória	Esquecimento
Autocontrole	Descontrole

As Escrituras não tratam a profecia e o falar em línguas como um acontecimento de estado alterado da consciência, nem de uso de substâncias químicas, tampouco de uso exagerado das emoções em um sentimentalismo caótico. Diferente dos cultos de mistérios do paganismo e das religiões animistas, o culto hebraico nunca conheceu oposição entre razão e emoção.[3] Menos ainda, o enchimento do Espírito se assemelha a um estado de descontrole. "Não houve nos profetas hebreus autoestimulação. Nenhum deles tomou a iniciativa de obter revelação, nem há indicação de que algum deles tenha perdido o controle das faculdades mentais e racionais."[4] Devedor de sua tradição judaica, o apóstolo Paulo é claro quando diz que "o espírito dos profetas está sujeito aos profetas" (1Coríntios 14:32). "Sujeição" traduz o verbo grego *hypotassō*, que indica "trazer algo sob o seu controle". Se a atividade carismática (objeto) está sob sujeição do profeta (sujeito), isso

[3] Há um longo debate na história do judaísmo sobre a profecia ser ou não um fenômeno de estado alterado de consciência. Sobre isso, veja o capítulo 3 de Heschel, 2001.

[4] Soares, *O ministério profético na Bíblia*, p. 48.

indica uma razoável dinâmica entre pensamento consciente, autocontrole e emoções reguladas.

A CORPORALIDADE PENTECOSTAL

O êxtase revisita a dimensão corporal da espiritualidade pentecostal. Diferente do cristianismo protestante convencional, que é excessivamente racionalista e, com frequência, faz da liturgia a extensão de uma sala de aula, o pentecostalismo colocou o corpo como elemento de expressão de adoração e encontro com Deus. Diversas manifestações corporais estão presentes na liturgia pentecostal: mãos levantadas, danças, pulos, palmas, gritos, marchas, lágrimas. O corpo é o meio pelo qual percebemos e interagimos com o mundo ao redor, incluindo o mundo espiritual. É o "espaço" privilegiado para entender a fé como realidade viva e autêntica, a saber, a fé encarnada.

É fato que o êxtase é "socialmente modulado".[5] Somos criaturas miméticas, ou seja, estamos imitando o tempo todo — e em todo tempo — nossos pares e parceiros dentro da comunidade e da sociedade. Normalmente, igrejas de classe média e de classe média alta produzem êxtases mais, digamos, "comportados", frutos do meio social. Os pentecostais oriundos de religiões de transe reproduzem muitos gestos e modos aprendidos nas religiosidades anteriores. Não nego o caráter espiritual e sobrenatural das experiências carismáticas, mas elas não acontecem em tábulas rasas. As experiências espirituais também refletem a realidade comunal. Na própria Escritura, o êxtase tem um caráter contagiante (1Samuel 19:18-24).

---

[5] Barrozo, *Mosaicos do sagrado*, p. 39.

O êxtase é a materialidade e a corporalidade de uma fé que se recusa a ser mera abstração teórica. É uma fé que quer ser viva não apenas na fala e no discurso; ela também quer vivenciar em seu corpo os sentimentos, as emoções e a razão exaltada que a plenitude do Espírito Santo proporciona. É a fé manifesta de modo empolgante, dançante e alegre. Jesus se alegrou no Espírito (Lucas 10:21); nós devemos deixar que o caráter contagiante dessa alegria nos envolva e nos transforme.

3

O NABIÍSMO E OS PRIMEIROS PROFETAS DE ISRAEL

No PRIMEIRO TESTAMENTO, "Espírito" é a tradução da palavra hebraica *rûaḥ*, substantivo feminino que também significa "vento" e "sopro". Nem sempre é fácil para o intérprete bíblico definir, pelo contexto, a tradução mais adequada do termo. Muitas vezes, na Bíblia, o vento é uma força poderosa, misteriosa e até mesmo aterrorizante. Deus é aquele que "castigará a terra com a vara de sua boca e com o sopro dos seus lábios matará o perverso" (Isaías 11:4, NAA); o profeta ainda proclama que a erva fica seca e as flores caem "quando o vento do SENHOR sopra sobre elas" (Isaías 40:7). Na Bíblia hebraica, embora o Espírito Santo tenha uma característica imaterial, existem nele pessoalidade, movimento, comunicação e intimidade.[1] O salmista,

---

[1] Lacoste, *Dicionário crítico de teologia*, p. 650.

contrito diante do seu pecado, clama: "Não me expulses da tua presença, nem tires de mim o teu Santo Espírito" (Salmos 51:11), denotando uma intimidade que ele não queria perder. Esse Espírito que é vento representa vitalidade e movimento.

Talvez a característica mais marcante desse vento seja a força que impulsiona, que leva adiante. Assim como Elias subiu aos céus em um redemoinho (2Reis 2:11), nós somos arrebatados pelo sopro do Espírito. Walter Brueggemann observa:

> O "espírito de Yahweh" é uma força que anima, dá poder, energia e coragem para que seu portador seja reconhecido como alguém designado, que tem a capacidade de fazer o que o mundo acredita ser impossível. [...] De forma mais prática, somos capazes, mesmo em nosso próprio tempo, de identificar na vida pública aqueles em quem "a força" está presente. O "espírito" é um empreendedor que gera novas possibilidades históricas onde nenhuma estava disponível.[2]

O Espírito Criador nos capacita a falar como testemunhas de Cristo por meio do seu batismo, e nos capacita em dons para servir à comunidade. O Espírito Santo nos proporciona energia para agir e produzir frutos.

O NABIÍSMO ISRAELITA

Na Antiguidade, havia um grupo de jovens que falava em línguas, dançava, pulava e manifestava diversos movimentos corporais em êxtase. A adoração era sincronizada e contagiante — quem chegava perto sentia e vivenciava o poder

---

[2] Brueggemann, *Isaiah 1—39*, p. 99.

do Espírito. A agremiação contava, na qualidade de líder, com um velho profeta experiente, e o grupo chegou a impactar a vida de um monarca teimoso e apóstata. Você acha o relato estranho? Essa é a descrição da escola de profetas no livro de 1Samuel, especialmente nos capítulos 10 e 19.

A escola de profetas é o exemplo máximo do fenômeno nabiísta. O nabiísmo foi o primeiro movimento profético de Israel; na linguagem técnica dos biblicistas, é o que se chama de *profetismo primitivo*. Marcadamente carismático, o nabiísmo se caracteriza pelos fenômenos extáticos, especialmente elocuções e movimentos corporais, e marcou a história de Israel na transição da liderança de Moisés para os anciãos do povo (Números 11:1-35), e do profeta Samuel para o rei Saul (1Samuel 10:1-16). No Antigo Testamento, a profecia não é apenas uma manifestação de fala; ela também envolve todo o corpo. É, por assim dizer, um fenômeno *elocutivo* (fala) e *corporal* (corpo). No que diz respeito a suas ênfases, o movimento do nabiísmo era mais carismático que ético, mais extático que burocrático e mais corpóreo que racional.[3]

A profecia é a manifestação mais frequente do Espírito na tradição hebraica, especialmente no nabiísmo. Os targuns — comentários em aramaico da Bíblia hebraica, produzidos no período do Segundo Templo (516 a.C.-70 d.C.) — recorrem, com certa regularidade, à expressão "espírito de profecia". O próprio Apocalipse, que apresenta forte linguagem hebraica, afirma que "o testemunho de Jesus é o espírito da profecia" (Apocalipse 19:10). A profecia também está presente nos sonhos

---

[3] Entendo "carismático" como sinônimo de dons espirituais; "ético", como sinônimo de discurso de correção moral e legal; "burocrático", como sinônimo de estruturas institucionais; "corpóreo", como sinônimo de movimentos corporais (danças, gestos etc.).

O NABIÍSMO E OS PRIMEIROS PROFETAS DE ISRAEL

de José (Gênesis 41:38), nas atividades de Moisés e dos anciãos (Números 11:24-29) e na consagração de Saul (1Samuel 10:10), entre outros episódios.

Para muitos estudiosos, o nabiísmo não passa de um fenômeno hebreu que imitava os cultos pagãos. Os movimentos corporais intensos em forma de danças, e as profecias, por assim dizer, seriam manifestações de um transe religioso intenso, descontrolado e um tanto infantilizado. Mas cabe ressaltar que essa leitura do nabiísmo é motivada pelo viés do protestantismo europeu moderno e iluminista, que tende a ler a história numa linha progressista, do "primitivo" para o "evoluído". No texto bíblico, porém, observamos que, diferentemente dos cultos pagãos, os profetas de Israel não eram movidos pelo consumo de alucinógenos, não praticavam autoflagelação corporal, nem se viam como parte de um processo de alienação irracional e anti-institucional, opondo-se às instituições da religião (templo, sacerdotes e aparato organizacional).

Produzidos no século 19 ou no início do século 20, muitos estudos sobre o nabiísmo refletiam os preconceitos sobre manifestações extáticas como fenômenos ilógicos, irracionais e ingênuos. Até a década de 1970, era comum associar manifestações extáticas à supressão da razão e ao emocionalismo extremado. A própria ideia de um profetismo "primitivo" reflete o historicismo[4] da teologia moderna.[5]

---

[4] Há vários conceitos para historicismo; aqui, uso o termo no sentido de crença em uma caminhada contínua de progresso da humanidade, indo do primitivo para o avançado pela força do tempo, não apenas na tecnologia, mas na religião, ciência, moral e ética. É uma crença ingênua, especialmente porque a humanidade avança em tecnologia e saúde, mas não necessariamente na moralidade. Veja minha crítica a esse tipo de pensamento em Siqueira, *Quem tem medo dos evangélicos?*, p. 52-8.

[5] Concordo integralmente com a hipótese do professor Almir Lima Andrade: "Pode-se pensar que a teologia protestante do início do século 20, influenciada pelo idealismo e o racionalismo kantiano próprio da época, toma para si uma

PNEUMATOLOGIA

O PENTECOSTE DO ANTIGO TESTAMENTO

Porém, o que a Bíblia diz sobre o fenômeno? Podemos começar pelo Pentecoste do Antigo Testamento. A passagem de Números 11:24-30 é raramente pregada ou estudada nas comunidades pentecostais, mas é essencial para entender os carismas e a atuação do Espírito Santo antes do Novo Testamento. O trecho nos conta que Moisés está sobrecarregado em sua função de liderança diante de um povo murmurador e obstinado. Então, Deus levanta setenta anciãos para auxiliarem no governo de Israel e os enche com o Espírito Santo, repartido a partir de Moisés, que, até então, era o único líder cheio do Espírito de Deus. O texto observa: "Quando o Espírito veio sobre elas, profetizaram, mas depois nunca mais tornaram a fazê-lo" (v. 25). O padrão carismático está posto: o Espírito vem sobre um grupo de pessoas que apresenta o sinal da elocução profética. O próprio caráter efêmero da manifestação, que depois não se repete entre os anciãos, aponta sua qualidade como sinal — em contrapartida ao Espírito que repousa permanentemente sobre Moisés.[6]

De forma objetiva, a profecia "serviu para endossar publicamente os anciãos como novos líderes nomeados",[7] mas o

---

interpretação particular do movimento profético veterotestamentário. Nesse sentido, é possível que a complexidade própria do profetismo não tenha sido totalmente expressa, tendo em vista que o objetivo era destacar o elemento ético da profecia, negligenciando o aspecto extático dessa mesma profecia ou reinterpretando-o de um modo mais aceitável aos ouvidos da época. [...] De fato, inegavelmente, não é possível estudar o profetismo sem dar atenção ao elemento ético, em função dos constantes reclames proféticos por justiça social, honestidade nas relações econômicas, integridade nas relações interpessoais e respeito aos menos favorecidos. Porém, o profetismo não foi apenas um movimento ético; nele, o entusiasmo extático sempre esteve presente, desde os primeiros profetas nômades até os tardios escritores" (*Do êxtase à ética*).

[6] Levison, *Filled with the Spirit*, p. 81.

[7] Hildebrandt, *Teologia do Espírito de Deus no Antigo Testamento*, p. 130.

36

Espírito foi quem os capacitou com os recursos necessários nessa empreitada. A semelhança de Atos 2:1-4 com o texto mosaico é impressionante. De igual maneira, os cento e vinte no cenáculo recebem capacitação para proclamar a Palavra (Atos 1:8), e o sinal da glossolalia serviu como demonstração pública desse acontecimento catalisador. Estabelecendo um paralelo entre os dois textos, assim observou I. Howard Marshall:

> Os pontos comuns são a recepção do Espírito e a subsequente atividade verbal ("profecia" é um termo amplo o bastante para incluir o falar em línguas). Não está claro se a intenção era que os leitores de Lucas fizessem tal associação, visto que não há ecos verbais claros. Mas a passagem expressa o anseio de que todos os que pertencem ao povo de Deus fossem profetas (Números 11:29).[8]

O nabiísmo em Israel é a clara demonstração de que os fenômenos carismáticos, especialmente as elocuções extáticas, não são estranhos à literatura hebraica. A profecia e a glossolalia são expressões análogas nas Escrituras, quase sinônimas, e ambas funcionam como indicativo da atividade *capacitadora* do Espírito Santo.

Caso a raiz da palavra *nabi'* seja árabe, como alguns defendem, o sentido primeiro é "borbulhar". O texto hebraico em Números 11:25 traduzido por "eles profetizaram" é *yitnabbu*, derivado da palavra *naba'*. Esse termo é muito rico e, em geral, significa "estar em êxtase profético, comportar-se como um profeta; entregar uma mensagem profética e falar de

---

[8] Marshall, "Atos", in: Beale; Carson, *Comentário do uso do Antigo Testamento no Novo Testamento*, p. 665.

maneira não convencional com movimentos extravagantes".[9] O hebraísta Gerhard Von Rad afirmava que a Bíblia hebraica não deixa claro se "esta emoção extática se expressava em palavras articuladas ou se ela se bastava a si mesma, para objetivar e provar que o indivíduo havia sido arrebatado pela divindade".[10] Todavia, alguns comentaristas acreditam que a manifestação dos anciãos não envolveu uma mensagem legível ou um sermão, mas tão somente uma experiência extática provavelmente acompanhada de uma linguagem ininteligível. Gordon J. Wenhan observa:

> Como aconteceu com Saul, a profecia aqui descrita foi provavelmente uma enunciação ininteligível feita durante um êxtase, fenômeno que o Novo Testamento chama de falar em línguas, e não a enunciação inspirada e inteligível dos grandes profetas do Antigo Testamento e dos profetas anônimos da igreja primitiva.[11]

Além dos anciãos que se encontravam na tenda, dois outros homens que estavam entre os inscritos, mas que permaneceram no arraial, também profetizaram após o enchimento do Espírito (v. 26). Para Josué, esses carismáticos fora da ordem principal dos anciãos representavam uma ameaça à liderança de Moisés. Mas Moisés responde a Josué dizendo: "Quem dera todo o povo do SENHOR fosse profeta e que o SENHOR pusesse o seu Espírito sobre eles!" (v. 29).

Alguns séculos depois, o desejo de Moisés é apresentado como uma realidade futura pelo profeta Joel (2:28,29)

---

[9] "*naba*'", in: Hoogendyk, *Lexham analytical lexicon of the Hebrew Bible*.
[10] Von Rad, *Teologia do Antigo Testamento*, p. 483.
[11] Wenhan, *Números: introdução e comentário*, p. 116.

e é cumprido em Atos 2:1-4. Nesses textos, fica claro como a *elocução profética* é o sinal constante no enchimento do Espírito. O teólogo pentecostal Wonsuk Ma nos lembra que elocução profética (envolvendo a glossolalia) comunica bem o propósito de demonstrar a ação do Espírito em um grupo:

> Para a afirmação pública, um sinal mais objetivo, externo e demonstrável (nesse caso, visível e audível) era necessário, e o sinal deveria ser algo que a cultura poderia reconhecer prontamente como um sinal da presença ou da posse do Espírito. Essa relevância cultural oferece a possibilidade de que diferentes sinais possam aparecer, desde que as condições de um sinal sejam atendidas. Profetizar, que está além do reino humano na natureza, fornece um claro sinal de controle ou posse divina. Nesse sentido, esse sinal é mais que um sinal de aviso. Pelo contrário, contém certos elementos da realidade para os quais ele aponta.[12]

É necessário esclarecer que, embora a elocução profética veterotestamentária envolvesse o êxtase, ou seja, movimentos corporais repentinos e sensação de arrebatamento, os judeus não viam seus profetas como semelhantes aos profetas místicos do paganismo. Em primeiro lugar, no hebraísmo não há a ideia de perda da consciência. Em segundo lugar, a tradução grega da Septuaginta (LXX) normalmente traduz o hebraico *nabí* pelo substantivo grego *prophētēs* e pelo verbo grego *propheteuein*, que significa "falar em lugar de" ou "falar em nome da divindade", mas nunca pelo verbo *manteuomai*, que tem o mesmo sentido de "transe", utilizado em relação aos oráculos de Delfos

---

[12] Ma, "'If it is a sign': an Old Testament reflection on the initial evidence discussion", *Asian Journal of Pentecostal Studies*, vol. 2, n. 2, 1999: 163-75.

dos mitos gregos. Em terceiro lugar, o biblicista John Lawrence McKenzie lembra que "a semelhança entre esses fenômenos e a profecia israelita é meramente na forma; o conteúdo ético e religioso da profecia israelita não tem paralelo no mundo antigo".[13] Feita essa ressalva, é inegável reconhecer que o profetismo hebraico envolvia o que hoje chamamos de fenômenos carismáticos em êxtase.

O profetismo extático esteve historicamente presente em momentos de baixa institucionalização da igreja e nas ocasiões de crise e ruptura religiosa. O campo missionário tende a ser mais carismático e profético do que a igreja estabelecida e solidificada das décadas posteriores. A congregação feita de madeira no interior do Amazonas verá, em uma única noite, mais manifestações glossolálicas do que o pároco da abadia de Westminster testemunhará em uma década de ministração litúrgica nessa bela igreja de arquitetura gótica localizada no centro de Londres. O mesmo aconteceu no antigo Israel: o profetismo de Samuel, Elias e Isaías surgiu em momentos de instabilidade e crise. Na outra ponta histórica, à medida que o monarquismo ia avançando, o nabiísmo coletivo da "escola de profetas" diminuiu.

O apóstolo Paulo advertia no primeiro século da era cristã: "Não apaguem o Espírito" (1Tessalonicenses 5:19). Esse é o ímpeto deste livro. Não se pode extinguir o Espírito, ou seja, não se deve burocratizar de tal forma a ação do Espírito a ponto de desprezar, na prática, os dons carismáticos. Como certa vez observou o teólogo alemão Karl Rahner, o mais grave da advertência do apóstolo não está apenas na lembrança de que o Espírito pode ser extinto da igreja, mas que *nós* podemos ser esses extintores:

---

[13] McKenzie, *Dicionário bíblico*, p. 678.

Todos devemos nos preocupar com a possibilidade de sermos nós os exterminadores do Espírito, extinguindo-o pela presunção de sabermos tudo melhor, pela inércia de nosso coração, pela covardia, pela obstinação com que resistimos aos impulsos novos que surgem prementes na igreja.[14]

Na eclesiologia paulina, os dons espirituais são centrais para a edificação da igreja. Da mesma forma, a crença no batismo no Espírito Santo como capacitação testemunhal não pode ser desprezada sem um prejuízo imensurável. A força do crescimento pentecostal reside na crença de que Jesus reveste do poder do Espírito o crente vulnerável (Atos 1:8). A morte da crença no revestimento de poder é a morte da vitalidade das tradições carismáticas.

---

[14] Rahner, *Não extingais o Espírito*, p. 29-30.

4

O ESPÍRITO SANTO NOS ESCRITOS DE LUCAS[1]

A DOUTRINA DO ESPÍRITO SANTO se desenvolve com maior complexidade nas páginas do Novo Testamento. À luz do caráter progressivo da revelação, a leitura contínua dos dois Testamentos permite análises completas sobre a Pessoa e a obra do Espírito Santo.

A expressão "espírito santo" não era um termo específico no ambiente judaico do primeiro século. Apresentava inúmeros sentidos, que variavam de "alma" a um agente escatológico de purificação, ou seja, o espírito que transformaria moralmente o ser humano nos fins dos tempos.[2] Nesse contexto, o Novo

---

[1] Este capítulo foi apresentado em 15 de novembro de 2021, na 25.ª Escola Bíblica de Obreiros (EBO) da Igreja Evangélica Assembleia de Deus — Ministério do Belém, em Jundiaí, SP.

[2] "Os conceitos judaicos de *pneuma* foram extraordinariamente flexíveis durante o primeiro século, devido, em grande medida, ao meio greco-romano que

Testamento apresenta a poderosa presença de Deus *no* e *pelo* Espírito Santo — o qual age da parte do próprio Senhor Jesus.[3]

No Novo Testamento, o Espírito que impulsiona, guia, dirige e capacita (Lucas 2:25-27) é o mesmo que proporciona vida, alegria e amor. Uma vida cheia do Espírito exala carisma, serviço e transformação interior. É uma tríade que envolve a *integralidade* do novo ser humano. O Espírito ora é apresentado como o doador de virtudes, ora como o formador de caráter. É o Espírito da graça e do amor de Deus. É o vicário de Cristo, aquele que exalta Jesus e nos conduz a chamá-lo de Senhor (1Coríntios 12:1-3). O Espírito Santo possibilita a vida comunitária e a unidade do corpo de Cristo (1Coríntios 12:13).

OS ESCRITOS LUCANOS

Lucas é o autor mais prolífico dos escritores neotestamentários: 28% do Novo Testamento é obra da pena de Lucas. Ele é mencionado diretamente apenas três vezes no Novo Testamento (Colossenses 4:14; 2Timóteo 4:11; Filemom 24). A tradição atribui a autoria do terceiro Evangelho e de Atos dos Apóstolos a Lucas, um dos companheiros das viagens missionárias de Paulo (Atos 16:10-17; 20:5-21; 27:28). O apóstolo Paulo o chama de "médico amado" e "cooperador". O manuscrito grego mais antigo do terceiro Evangelho, conhecido como

---

inevitavelmente influenciou grandes segmentos do judaísmo inicial. O espírito, qualquer que fosse sua natureza, estava associado a uma ampla variedade de efeitos, incluindo — mas não se limitando a — profecia; exegese inspirada; criação; pureza, conversão e iniciação; e uma figura escatológica" (Levinson, "Holy Spirit", in: Evans; Porter, orgs., *Dictionary of New Testament background*, p. 507.

[3] Klaus Scholtissek, "Espírito", in: Angelika Berlejung; Christian Frevel, orgs., *Dicionário de termos teológicos fundamentais do Antigo e do Novo Testamento*, 1. ed. (São Paulo: Paulus Editora/ Edições Loyola, 2011), p. 199.

PNEUMATOLOGIA

Papiro Bodmer XIV, usa o título "Evangelho segundo Lucas" e é do ano 200 d.C. Entre os autores conhecidos dos livros bíblicos, Lucas é o único gentio ou semita não judeu;[4] ainda assim, a linguagem escriturística de seus escritos é fortemente marcada pela teologia judaica.

Embora o livro seja de autor anônimo, a erudição lança pouca dúvida sobre a autoria lucana do terceiro Evangelho e de Atos dos Apóstolos. Também há pouca contestação de que Lucas-Atos seja um só livro dividido em duas partes. Alguns manuscritos do século 2 (o Papiro Bodmer XIV e o Cânon Muratoriano) e muitos pais da igreja — tais como Ireneu de Lião (130-202 d.C.), Clemente de Alexandria (150-215 d.C.), Orígenes (185-253 d.C.) e Tertuliano (160-220 d.C.) — testificaram o autógrafo de Lucas.[5] Outro ponto que atesta a autoria de Lucas é sua "irrelevância", ou seja, Lucas não fazia parte do colégio apostólico, nem era um líder proeminente da igreja primitiva; portanto, os primeiros cristãos não tinham nenhum motivo especial para escolher Lucas como autor do conjunto Lucas-Atos.

O Evangelho de Lucas pode ser lido como uma obra biográfica que atende às regras da historiografia grega. Como a teologia bíblica vem mostrando desde a década de 1960, com o avanço da Crítica da Redação — um método de análise que busca a teologia por trás dos Evangelhos —, o Evangelho de Lucas não pode ser bem interpretado sem entender os propósitos teológicos do autor. Lucas, assim como os demais evangelistas, agiu como "autor-editor" porque, além de redigir o material

---

[4] Essa afirmação se baseia no fato de que Aristarco, Marcos e Justo são citados como os únicos judeus que colaboraram com o apóstolo Paulo (cf. Colossenses 4:10,11).

[5] Blomberg, *Introdução aos Evangelhos*, p. 203.

de forma independente, também compilou tradições e fontes herdadas, orais e/ou escritas. Lucas é, por assim dizer, editor, historiador[6,7] e teólogo.[8]

Segundo a crítica das fontes, a qual é amplamente aceita na academia, Lucas e Mateus se basearam em Marcos, que foi o primeiro Evangelho a ser escrito, bem como em uma fonte desconhecida que leva o nome de Q (do alemão *quelle*, "fonte"). Há, pelo menos, duzentos versículos comuns entre os textos mateano e lucano, mas sem paralelo no Evangelho de Marcos. Discute-se ainda a possibilidade de que Mateus e Lucas possuam mais do que a fonte Q como base comum, ou que tenham tido "acesso a diferentes revisões do [mesmo] material".[9]

O ESPÍRITO SANTO NAS NARRATIVAS DA INFÂNCIA

As narrativas da infância de Jesus estão presentes apenas em Mateus e de Lucas. Especialmente em Lucas, o protagonismo na narrativa pertence aos personagens relacionados aos bebês João Batista, precursor do Messias, e Jesus, o próprio Messias. Essa comunidade em torno de Jesus é formada por João Batista, Maria, Isabel, Zacarias, Simeão e Ana. Diferentemente de

---

[6] Marshall, *Fundamentos da narrativa teológica de são Lucas*, p. 100.

[7] A história difere de relato jornalístico: "A história é uma maneira de organizar os eventos do passado de forma que sejam significativos, completos ou memoráveis, ou inspiradores, ou instrutivos. A história — não apenas eventos passados, mas também o que escrevemos sobre eles — não pode ser repetida como uma equação matemática, e os historiadores, examinando as mesmas fontes, não construirão a mesma imagem do passado. Assim que reconhecermos isso, pararemos de buscar certezas e começaremos a buscar o que é provável ou plausível" (Gordon D. Fee; Robert L Hunnard Jr., *The Eerdmans companion to the Bible*, 1. ed. [Grand Rapids: Eerdmans, 2011], p. 557).

[8] Boring, *Introdução ao Novo Testamento*, p. 1002.

[9] Marshall, p. 100.

PNEUMATOLOGIA

algumas narrativas apócrifas,[10] textos em que o menino Jesus é apresentado como um milagreiro impulsivo de pavio curto, a atuação de Jesus criança é discreta. Dependente dos pais e ainda bebê, Jesus é cercado pelas profecias messiânicas da comunidade. Diferente de Mateus, que enfatiza o cumprimento de profecias veterotestamentárias na infância de Jesus, Lucas destaca Jesus recebendo profecias quando ainda era bebê.[11]

O período intertestamentário é conhecido popularmente como o "tempo do silêncio profético". De fato, a atividade profética foi rara nesse período, e, de modo surpreendente, o silêncio é quebrado por aquilo que Roger Stronstad chama de "dramática explosão de profecias".[12] Os relatos dos profetas que cercam Jesus em sua infância mostram, segundo Guy Bonneau, que "Lucas busca continuidade [de Jesus com a Antiga Aliança]. A vinda de Jesus não dependeu do acaso. Fruto de longa espera, ela insere-se na linhagem profética".[13] A teologia lucana apresenta Jesus, ainda bebê, envolvido em uma comunidade de profetas porque, como mostra Stronstad, o judaísmo contemporâneo ao Novo Testamento entendia que o silêncio profético seria quebrado pela atividade do Espírito de profecia.[14] Na teologia do Judaísmo do Segundo Templo, a volta do tempo profético está ligada ao antegozo do alvorecer de uma nova era escatológica.[15]

Além de Isabel e Simeão, que descendem de uma linhagem profética, Maria e Zacarias também são apresentados

---

[10] A infância de Jesus é retratada nos seguintes apócrifos: *O evangelho da infância de Tomé* (século 2); *Protoevangelho de Tiago* (século 2); *Pseudo-Mateus* (séculos 6 e 7) e *Evangelho siríaco da infância* (século 6).

[11] Para uma defesa da coerência histórica presente na narrativa da infância lucana, veja Bauckham, *O mundo cristão em torno do Novo Testamento*, p. 244-62.

[12] Strosntad, *Teologia carismática de Lucas*, p. 69.

[13] Bonneau, *Profetismo e instituição no cristianismo primitivo*, p. 128.

[14] Stronstad, p. 52-6.

[15] Day, *Rei e Messias*, p. 491.

como profetas. Em 1:35, lemos a voz do anjo dizendo a Maria: "O Espírito virá sobre ti e o poder do Altíssimo te cobrirá com a sua sombra" (TEB). O texto se assemelha à apresentação do Espírito Santo como agente criador (Gênesis 1:2; Salmos 104:30). O texto também destaca a presença de Deus como cobertura (Êxodo 40:35; Números 10:34), lembrando o momento da transfiguração (Lucas 9:34). De forma sutil, a linguagem usada se aproxima de Números 11:25 (NAA): "Então o SENHOR desceu na nuvem e falou com Moisés. E, tirando do Espírito que estava sobre Moisés, o pôs sobre aqueles setenta anciãos. Quando o Espírito *repousou sobre eles*, profetizaram; mas isto nunca mais se repetiu" (grifo na citação), além de Atos 2:3 (NAA): "E apareceram, distribuídas entre eles, línguas, como de fogo, as quais *pousaram sobre* cada um deles" (grifo na citação).

Zacarias, o sacerdote, também profetiza (1:67) e profere um cântico de louvor ao Deus de Israel. O Cântico de Zacarias, conhecido na tradição da igreja como *Benedictus* (1:67-79), é o segundo dos três cânticos proféticos lucanos, precedido pelo *Magnificat*, de Maria (1:46-55), e sucedido pelo *Nunc dimittis*, de Simeão (2:29-32).

ISABEL E ZACARIAS, OS PROFETAS DA CASA SACERDOTAL (LUCAS 1:39-45)

As narrativas da infância de Jesus estão repletas de imagens associadas ao Espírito Santo. Lucas é o único evangelista que relata a história de Isabel, a parente de Maria que carrega em seu ventre o "precursor do Messias", ou seja, João Batista, o profeta que seria cheio do Espírito desde o ventre de sua mãe (Lucas 1:15). O texto diz que Maria, recém-grávida do menino Jesus, vai depressa até a casa de Isabel, que distava quatro dias de viagem. Ao entrar naquela casa, o texto diz que Maria saúda Isabel, e esta, ao ouvir a saudação, sente seu bebê estremecendo no ventre. A palavra grega usada para retratar esse movimento é *skirtáō* e indica um pulo, resultado de grande regozijo — tal como a dança derivada da alegria escatológica diante do Messias (cf. Malaquias 3:20; 4:2, LXX; Sabedoria de Salomão 19:9; cp. com Salmos 114:4-6). Esse salto é "uma expressão de alegria extática".[16] Jesus provoca alegria dentro do ventre de Maria, e também provoca a alegria dos discípulos no momento de sua ascensão ao céu (cf. Lucas 24:50-52). A vinda de Cristo é a inauguração do reino da alegria advinda do Espírito (Romanos 14:17).

Poucas vezes os intérpretes imaginam os efeitos psicológicos da responsabilidade de Maria. De uma conversa com um anjo, ela fica sabendo que estava grávida do Messias, mesmo sendo uma virgem prometida em casamento. Em uma sociedade permeada pela cultura da honra, nada mais desesperador do que descobrir uma gravidez fora do casamento. O milagre era também um grande peso. Maria, recém-saída da infância, tinha uma missão difícil de carregar. Não é forçoso imaginar que ela precisava de uma palavra de edificação, encorajamento e consolação — a função tríade da profecia (1Coríntios 14:3, NVI). Como observa James Shelton: "Através do testemunho de Isabel, o Espírito responsável pela concepção de Jesus forneceu à mãe dele a palavra confirmadora dessa concepção".[17]

O texto diz que Isabel "foi cheia do Espírito Santo" (1:41). Como lembra Michael Wolter, o fraseado "foi (foram) cheio(s) do Espírito" é "tipicamente lucano e tem aqui, como também em Lucas 1:67; Atos 2:4; 4:8,31 (veja tb. 13:9), a função de atribuir

---

[16] Wolter, 2016, p. 87.
[17] Shelton, *Poderoso em palavras e obras*, p. 47.

origem celestial ao conteúdo da fala que se segue".[18] Isabel é, na pena lucana, literalmente uma profetisa. Ela, que "exclama em alta voz", recebe do Espírito a revelação de que Maria não está apenas grávida, mas está grávida do Messias.

O enchimento do Espírito provoca mudanças sociais. Em primeiro lugar, como é típico do Evangelho de Lucas, as mulheres têm um espaço extraordinário. Essas mulheres, cheias do Espírito, agem como profetisas (Isabel e Ana, p. ex.). Como bem assinala Ben Witherington:

> Isabel e Maria, não Zacarias e José, primeiro recebem a mensagem da vinda de Cristo, primeiro respondem com plena fé a essa notícia, primeiro são louvadas e abençoadas pelos anjos de Deus e primeiro cantam e profetizam sobre o menino Jesus.[19]

Zacarias, ao ouvir a revelação angélica, hesita e acaba punido com a mudez (1:18-20), enquanto Maria recebe a mensagem com fé (1:38).

Outro ponto relevante é a mudança de posição hierárquica. Isabel, mesmo sendo a mais idosa, reconhece Maria como a "bendita entre as mulheres" e "mãe do meu Senhor". No drama da redenção, Isabel é coadjuvante, assim como será seu filho: "Não sou digno de desamarrar as correias das suas sandálias" (João 1:27), disse João Batista. "O primeiro reconhecimento de Cristo é um dom do Espírito de Deus (1Coríntios 12:3)", escreveu Eduard Schweizer.[20] O Espírito sempre conduz à exaltação de Cristo (João 16:14). Ao honrar e reconhecer Maria como bendita, Isabel estava apontando para Cristo.

---

[18] Wolter, *The gospel according to Luke*, vol. I: *Luke 1—9:50*, p. 87.

[19] Freedman, *The Anchor Yale bible dictionary*, p. 474.

[20] Schweizer, *The good news according to Luke*, p. 34.

PNEUMATOLOGIA

No episódio, também existe plena harmonia, e não o clima de hostilidade que havia entre, por exemplo, Sara, que era estéril, e Hagar, que era mãe.[21] Isabel e Maria eram mulheres de origens, cidades e idades diversas, e também de missões diferenciadas, todavia complementares. "A visita é um embrião da igreja, pois o Evangelho e Atos dos Apóstolos enfatizam reiteradamente que o plano salvífico de Deus junta pessoas díspares e separadas em comunhão, alegria e missão".[22] Por outro lado, Maria e Isabel também estavam unidas na impossibilidade da gravidez e no chamado preparativo do Messias.

O episódio contrasta duas escatologias e um momento de transição. João Batista é o novo profeta Samuel, assim como Jesus é o novo Davi.[23] Jesus ensina que "a Lei e os Profetas profetizaram até João. Desse tempo em diante, estão sendo pregadas as boas-novas do Reino de Deus" (Lucas 16:16). João encerra o ciclo profético da Antiga Aliança, enquanto Jesus é o proclamador encarnacional do reino de Deus inaugurado. Essa transição é confirmada no batismo envolto pelo Espírito Santo — que veio visível na forma corpórea de uma pomba (cf. Lucas 3:21,22).

A unção carismática sobre Isabel sinaliza o Espírito que produz vida em terra estéril. Diante desse episódio, lembro-me como é comum a expressão da esperança hebraica proferida nos cultos pentecostais das periferias dos grandes centros e das zonas rurais, pela citação constante do salmo que diz:

Quem é como o SENHOR, nosso Deus, que habita nas alturas; que se curva para ver o que está nos céus e na terra; que do pó levanta o pequeno e, do monturo, ergue o necessitado, para o

---

[21] Lieu, *The Gospel of Luke*, p. 9.

[22] Edwards, *O comentário de Lucas*, p. 92.

[23] Wright, *O Novo Testamento e o povo de Deus*, 1. ed. (Rio de Janeiro: Thomas Nelson Brasil, 2022), vol. 1, p. 502.

fazer assentar com os príncipes, sim, com os príncipes do seu povo; que faz com que a mulher estéril habite em família e seja alegre mãe de filhos? Louvai ao SENHOR! (Salmos 113:5-9, ARC)

SIMEÃO E ANA, OS VELHOS QUE PROFETIZAM (LUCAS 2:25-38)

Na narrativa lucana, a apresentação de Jesus no templo é seguida de anúncios proféticos.

Da mesma forma que a entrega do nome de João foi seguida por uma declaração profética combinando louvor a Deus e uma indicação do destino da criança, a nomeação e a dedicação de Jesus são seguidas por declarações semelhantes.[24]

Simeão é o homem incumbido desse anúncio e representa a essência do profeta carismático da piedade judaica. Além de "justo e piedoso" (v. 25), Simeão tinha o Espírito Santo sobre ele; era movido pelo Espírito e ainda recebia revelações do Espírito (v. 25,26). Uma das marcas do enchimento do Espírito Santo em Simeão era a espera paciente pela "consolação de Israel", ou seja, a esperança escatológica no Messias como o libertador da nação judaica.

A revelação de que Simeão tinha o Messias em seus braços (v. 28) não foi a primeira profecia que ele recebeu; antes, o Espírito já lhe havia revelado "que ele não morreria antes de ver o Cristo do Senhor" (v. 26). O texto transmite a ideia de que o ministério profético era recorrente na vida de Simeão; afinal, o "Espírito estava sobre ele". Como lembra James Shelton,

---

[24] Marshall, *The Gospel of Luke: a commentary on the Greek text*, New International Greek Testament Commentary, 1. ed. (Exeter: Paternoster Press, 1978), p. 118.

PNEUMATOLOGIA

"raramente, no Antigo Testamento, os indivíduos foram notados como sendo continuamente dotados com o Espírito Santo".[25] Simeão é tão raro que está apenas na companhia de José, Moisés e Daniel (Gênesis 41:38; Números 11:17; Daniel 4:8).

A profecia de Simeão anuncia Jesus como salvador de judeus e gentios (v. 30-31), e ainda prediz a resposta dividida dos judeus sobre Jesus (v. 34). A salvação que abarca judeus e gentios é tema-chave na teologia de Lucas-Atos. Simeão profetiza à Maria a morte de Jesus (v. 35). Curiosamente, nas narrativas da infância, Maria recebe duas profecias em linhas contrárias: ela, "a mais bendita das mulheres", teria "uma espada atravessada em sua alma" (1:42; 2:35). A fala profética de Simeão é acompanhada por um cântico (v. 28-32).

Atestando a crescente universalidade da atividade profética, Lucas também menciona a profetisa Ana. Ela era da tribo de Aser, ou seja, uma das tribos do norte de Israel que fazia divisa com Tiro (Gênesis 49:20; Deuteronômio 33:24,25). Ana, como Simeão, era idosa, além de viúva. A viuvez feminina era normalmente sinal de vulnerabilidade social. Da mesma forma que Simeão, Ana esperava a "redenção de Jerusalém" (2:25), outra força de expressão da esperança messiânica.

JESUS E A COMUNIDADE PROFÉTICA

Lucas é o único evangelista que apresenta os setenta discípulos de Jesus (ou 72, a depender da variação dos manuscritos), conforme vemos em 10:17-24. A alusão mais rápida e óbvia à Escritura hebraica é o episódio dos setenta anciãos[26]

---

[25] Shelton, *Poderoso em palavras e obras*, p. 53.

[26] Como o texto menciona Eldade e Medade entre os inscritos, embora estivessem fora do arraial (Números 11:25), existe também a dúvida de serem 70 ou 72 anciãos.

(cf. Números 11:24-29) que receberam o "Espírito que estava sobre Moisés" (v. 25). Moisés é o profeta-líder de uma comunidade profética que envolve anciãos como colaboradores; da mesma forma, Jesus é apresentado na escritura lucana como o novo profeta-líder de uma nova comunidade profética. A ideia de uma comunidade de profetas permeia toda a teologia lucana e, como vimos até aqui, tem como base a atuação do Espírito Santo na infância de Jesus por meio da vida de Maria, Isabel, João Batista, Zacarias, Simeão e Ana. Um tema que une as narrativas de infância e o trabalho dos setenta discípulos é a alegria exultante do Espírito.

No capítulo 10, os discípulos voltam alegres porque conseguiram expulsar demônios. Os exorcistas da época empregavam vários encantamentos, palavras de ordem, aromas de especiarias e rituais mágicos, seguindo manuais elaborados, mas os discípulos tinham apenas de orar em nome da autoridade de Jesus. A eficácia do exorcismo causa grande euforia. Os discípulos são agora profetas carismáticos em equivalência de poder com seu profeta principal. O próprio Jesus reforça que, enquanto eles expulsavam demônios nos vilarejos, Cristo "via Satanás caindo como um relâmpago":

> o tempo deste verbo, um aoristo inicial, é mais bem-capturado quando traduzido como "Eu estava vendo". Lucas entendeu cada exorcismo pelos setenta (e dois) como uma demonstração da derrota de Satanás.[27]

Jesus já havia sinalizado que o exorcismo em seu nome era uma sinalização do reino presente (Lucas 11:20). A comunidade

---

[27] Robert H. Stein, *Luke*, New American Commentary (s.l.: Broadman & Holman, 1992) p. 309.

PNEUMATOLOGIA

de discípulos é também uma comunidade de profetas cheios do Espírito de alegria. Assim como na infância, Jesus continua cercado de uma comunidade de profetas, mas agora sob sua liderança direta.

Da mesma forma que Lucas apresenta João Batista exultante no ventre de Isabel nas narrativas de infância, Jesus exulta no Espírito quando se vê cercado pela comunidade de discípulos (10:21). David Hill, no clássico *New Testament prophecy* [Profecia do Novo Testamento], declara que "o evangelista considerou os ditos que se seguem como uma profecia inspirada ou mesmo extática de significado peculiar".[28] Seguindo o raciocínio de Hill, Lucas apresenta Jesus como um profeta que recebe, em êxtase, a revelação sobre o desvelamento do evangelho aos "pequeninos".[29] Nos escritos lucanos, a alegria exultante — ao lado da glossolalia e da profecia — é o resultado direto do enchimento do Espírito (1:44,47; Atos 13:52). O segmento de frase "exultou no Espírito Santo" descreve, segundo Robert P. Menzies,[30] a atividade profética que associa a exultação de Jesus à exultação de João Batista e de Maria (compare 10:21 com 1:41,44,47).

Por fim, as narrativas da infância servem de introdução aos escritos de Lucas-Atos, e até ao tema da comunidade profética, que é uma das temáticas centrais de Lucas. Em Lucas 1 e 2, temos a transição da piedade judaica, representada pela comunidade profética, para o profeta Jesus. Da mesma forma, em Atos 1 e 2 temos a transição do ministério do profeta Jesus para a igreja cheia do Espírito Santo, uma nova comunidade profética que abrange judeus e gentios.[31] As narrativas da infância em

---

[28] Hill, *New Testament prophecy*, p. 59.
[29] Ibidem.
[30] Menzies, *Empoderados para testemunhar*, p. 199.
[31] Brown, *O nascimento do Messias*, p. 288.

54

O ESPÍRITO SANTO NOS ESCRITOS DE LUCAS

Lucas estão até mesmo mais próximas de Atos dos Apóstolos do que do restante do Evangelho, especialmente por apresentar diversas atividades pneumatológicas e também angélicas (Lucas 1:11,26; 2:9, cp. com Atos 5:19, 8:26; 10:3; 12:7; 27:23). O título angélico de "Messias Senhor" da narrativa da infância (Lucas 2:11) volta no sermão pentecostal de Atos 2:36.[32]

---

[32] Ibidem, p. 289.

5

O ESPÍRITO SANTO NO EVANGELHO DE JOÃO

Quando lemos o Evangelho de Lucas e Atos dos Apóstolos, não há dúvida de que o texto lucano associa o Espírito Santo à atividade missionária. A passagem de Atos 1:8 é o resumo dessa atividade do Espírito. Mas Lucas não é o único evangelista que destaca a relação entre missões e o enchimento do Espírito. O apóstolo João faz o mesmo paralelo ao registrar uma aparição do Cristo ressurreto (João 20:19-23). No chamado Pentecoste joanino, o Espírito Santo também é derramado para capacitar os discípulos: uma prévia do derramamento em Atos 2. A tabela abaixo compara os dois registros.

	PENTECOSTE JOANINO	PENTECOSTE LUCANO
Referência	João 20:19-23	Atos 2:1-4
Local	Cenáculo	Cenáculo

Festa judaica relacionada ao evento	Páscoa	Pentecoste
Propósito teológico da narrativa	O Espírito Santo como o princípio de vida	O Espírito Santo como garantidor e capacitador da missão da igreja

Em primeiro lugar, é necessário observar que o texto joanino estabelece diversas conexões entre a narrativa da criação, o templo e a vida de Jesus. No versículo 19, João diz que era a tarde do "primeiro dia da semana"; uma informação que fora destacada no versículo 1. O biblicista N. T. Wright observa: "Quando João destaca coisas assim, está claro que sua intenção é que reflitamos sobre o assunto".[1] A repetição da informação tem objetivos teológicos. O primeiro dia da semana é, na narrativa de Gênesis, o primeiro dia da criação. Mas essa não é a única referência à Criação. Os teólogos Andreas J. Köstenberger e Scott R. Swain assinalam:

> Em clara alusão a Gênesis 2:7, em que o Criador sopra seu Espírito em Adão, tornando-o ser vivente, na comissão dada aos discípulos, Jesus os transforma na nova comunidade messiânica, antecipando o derramamento do Espírito subsequente à sua ascensão (20:22).[2]

A teologia da Criação permeia o texto porque Jesus é o novo tabernáculo. O Messias é aquele que liga os antigos tabernáculos (jardim do Éden e templo) aos novos tabernáculos (a igreja

[1] Wright, *A ressurreição do Filho de Deus*, p. 917.
[2] Köstenberger; Swain, *Pai, Filho e o Espírito*, p. 200.

PNEUMATOLOGIA

e a Nova Jerusalém). No texto joanino, quem permite essa ligação a partir da vida de Jesus na vida da igreja é o Espírito Santo, o garantidor da messianidade de Cristo e o criador de comunidades messiânicas.[3] O Espírito Santo foi quem possibilitou a ação messiânica de Jesus, como o próprio Jesus lembra ao ler o profeta Isaías (Lucas 4:18) e ao responder ao hesitante João Batista: "os cegos veem, os mancos andam, os leprosos[a] são purificados, os surdos ouvem, os mortos são ressuscitados, e as boas-novas são pregadas aos pobres" (Mateus 11:5).

Em segundo lugar, assim como Joao registra por diversas vezes que Jesus foi enviado pelo Pai (João 3:17,34; 5:36; 13:20; 17:18, entre outros), os discípulos também são enviados pela força do Espírito (20:21). O tema do "envio" é central no Evangelho de João. Observa-se que Jesus, o Espírito e os discípulos são todos "enviados". O envio só é possível pelo sopro do Messias, o sopro do Espírito Santo, aquele que une a Páscoa ao Pentecoste.

Ainda no Evangelho de João, o Espírito Santo é associado ao processo integral da salvação. Jesus disse que o Espírito Santo convencerá o mundo do pecado, da justiça e do juízo (João 16:8). Muitas vezes não percebemos que a justiça está entre o pecado e o juízo. Ela está bem no centro da questão. O pecado é a incredulidade daqueles que não creem em Cristo. O juízo é uma realidade futura — escatológica —, mas está aplicado ao príncipe deste mundo, cuja sentença de condenação é conhecida (cf. João 16:11).

O que é a justiça, que fica entre a prática do pecado e a sentença do juízo? A justiça é o próprio Cristo. Uma das canções

---

[3] O apócrifo *Testamento dos doze patriarcas*, que a erudição ainda tem dúvidas se pertence ao período anterior ao Novo Testamento, mostra bastante interesse na relação entre o Espírito e o alvorecer messiânico, especialmente no *Testemunho de Judá* (24:2) e no *Testemunho de Levi* (18:11).

evangélicas de que mais gosto é intitulada "Este Reino". Nela, há uma estrofe que inicia com a seguinte frase: "Jesus, justiça de Deus". Jesus é exatamente esse "meio" que determina o sentido do juízo. Enquanto a realidade do pecado é compartilhada por todos — uma vez que todos pecaram e estão destituídos da glória de Deus (cf. Romanos 3:23) —, somente a justiça de Cristo pode garantir um juízo em que ouviremos: Sejam bem-vindos à casa do Pai.

O Espírito Santo nos convence de que Jesus é a justiça de Deus. Esse convencimento nos permite acolher a justiça de Cristo. Como em tudo, a salvação é um enlace trinitário: o Espírito convence o coração pecador de que Jesus é a justiça de Deus.

O ESPÍRITO SANTO E A REGENERAÇÃO

Como contei na introdução, nasci em uma família católica, como a maioria dos brasileiros nascidos em 1988, e fui batizado ainda na infância. Foi somente na pré-adolescência, no final da década de 1990, que senti falta de algo mais. A experiência sacramental do batismo e a participação na missa dominical não me pareciam suficientes. Certa vez, na missa carismática à qual eu era levado por minha mãe, ouvi uma música intitulada "Nascer de novo" e senti um chamado à regeneração. A música era uma transcrição de João 3 e a estrofe dizia:

> Em verdade, em verdade eu te digo
> Quem não renascer
> Da água e do Espírito
> Não entrará no reino de Deus
> Vem, vem, vem, vem, vem
> Vem, Espírito Santo

PNEUMATOLOGIA

O apelo ao novo nascimento nessa composição de um padre me levou, em 2001, ao evangelicalismo pentecostal. Eu não sabia, mas vivenciava em meu íntimo uma tensão entre duas tradições cristãs: a sacramental e a pietista. Embora eu enxergasse beleza nos ritos sacramentais, sentia que minha vida carecia de novo sentido, de uma mudança radical de vida.

Não desprezo a tradição sacramental, seja católica, seja anglicana. O senso comunitário e o respeito pela igreja no sacramentalismo são inegavelmente superiores aos da tradição evangélica pietista, que é excessivamente individualista. Mas o pouco apelo ao novo nascimento me deixou "perdido". No catolicismo, minha relação com Deus sempre parecia mediada pela instituição. Além disso, o senso da presença de Deus soava distante e historicamente datado. Em outras palavras, a conversão parecia mecânica demais. Naquele momento, eu estava em busca de autenticidade.

O milagre do novo nascimento é exposto por Jesus em uma conversa com um fariseu chamado Nicodemus, em um dos textos mais famosos do Novo Testamento: João 3:1-15. O próprio Jesus associa o novo nascimento à atuação do Espírito Santo (v. 5,6), e o Espírito opera purificação e cria vida, produzindo também um senso do sagrado na vida de quem renasce pela água purificadora. A beleza do novo nascimento aponta para algo que jamais devemos esquecer: a vida com Cristo é diferente; é moldada pelo fruto do Espírito; é transformada pelo poder do Evangelho; é a vida que deixa todas as coisas para trás. "Portanto, se alguém está em Cristo, é nova criação. As coisas antigas já passaram; eis que surgiram coisas novas!" (2Coríntios 5:17). Só sonha e deseja o novo céu e a nova terra quem já passou pelo novo nascimento. A regeneração é o início da ressurreição. O novo nascimento alimenta a esperança pela restauração de todas as coisas.

6

O ESPÍRITO SANTO NOS ESCRITOS E NA VIDA DE PAULO

O Espírito Santo é tema recorrente nos escritos do apóstolo Paulo. O apóstolo, mais do que formular doutrinas sobre o Espírito Santo, relata suas experiências e vivências espirituais em testemunhos impactantes.[1] Conforme veremos no decorrer deste capítulo, é até mesmo engraçado o tratamento popular dispensado a Paulo como um sistemático ou escolástico quando, na verdade, ele foi o maior místico[2] da história cristã.

É impossível discorrer sobre a pneumatologia paulina sem falar dos dons espirituais e da santificação manifestada pelo fruto do Espírito, temas que abordarei adiante. É sobretudo o

---

[1] Machado, *O misticismo apocalíptico do apóstolo Paulo*, p. 61.

[2] A palavra "mística" carrega uma conotação negativa no meio evangélico, sendo sinônimo de "transe" ou de manifestações falsas e bizarras. Eu a uso aqui em seu sentido positivo: a crença de que o ser humano pode comunicar-se com Deus e receber dele sinais ou mensagens.

apóstolo Paulo quem enfatiza o papel duplo do Espírito Santo como *capacitador* e *santificador*.

A VIVÊNCIA PNEUMATOLÓGICA DE PAULO

Diferente dos teólogos da era moderna, e a despeito de sua vasta erudição, Paulo escreveu sobre o que vivenciou. Não havia nele a divisão moderna entre teoria e prática. Pelo contrário, a experiência com o Cristo no caminho de Damasco e a experiência com o Espírito na rua Direita (Atos 9:1-18) moldaram a teologia farisaica do apóstolo.[3]

Cheio do Espírito, Paulo tinha a coragem na missão e a ousadia no falar próprias dos pneumatológicos (Atos 13:46; 26:26; 2Coríntios 3:12; 7:14). "O poder que Paulo tinha é o poder de quem está constrangido pelo Espírito Santo. Tal homem não teme grilhões humanos".[4] Na vida do apóstolo, observamos que a coragem que vem do Espírito produz renúncia ao ódio e à violência, e abraça a injúria da cruz. O "destemor" pentecostal não pode nem deve ser confundido com energia que oprime, esmaga ou humilha; pelo contrário, é o poder da cruz, o poder da renúncia, o poder que vem da fraqueza. "Mas temos esse tesouro em vasos de barro, para mostrar que este poder que a tudo excede provém de Deus, e não de nós" (2Coríntios 4:7).

Na teologia de Paulo, os dons espirituais são ferramentas que ajudam na missão da igreja. Os dons não são, eles próprios, o objetivo da missão da igreja ou, em outras palavras, a missão da igreja não é meramente adquirir dons, mas os dons são dados à igreja para que ela cumpra sua missão dupla: anunciar o Evangelho para a glória de Deus e vivenciar o discipulado na

---

[3] Segal, *Paulo, o convertido*, p. 129-30.
[4] Chown, *O Espírito Santo na vida de Paulo*, p. 80.

comunidade. Não somos chamados a proclamar o "evangelho dos dons", mas os dons permitem que proclamemos o evangelho de Jesus Cristo com força, ousadia, coragem e destreza. Os dons são, portanto, habilidades impulsionadas pelo agir do Espírito Santo na vida das comunidades.

O apóstolo Paulo é considerado o primeiro teólogo cristão da história. Educado no melhor da erudição judaica da época, o fariseu Saulo de Tarso (cf. Atos 23:6) foi o grande responsável pela primeira sistematização orgânica da fé cristã. Embora tudo isso seja verdade, nem sempre lembramos a outra face do apóstolo dos gentios: o entusiasta carismático. Nas cartas aos coríntios, o apóstolo fala de si em terceira pessoa para dizer que "foi arrebatado ao terceiro céu", ainda informando que não sabia se essa experiência havia sido "dentro ou fora do corpo" (2Coríntios 12:2-4) — uma sensação "espacial", algo comum nas experiências espirituais intensas. Em algumas ocasiões, o apóstolo realizou milagres (Atos 20:9,10) e curas (Atos 28:9). Assim como os profetas do Antigo Testamento, o texto bíblico relaciona o enchimento do Espírito Santo na vida de Paulo a uma fala profética (Atos 13:9; cp. com Números 11:24-30; 1Samuel 10:10-31; 19:20-24). Ele ainda afirmava falar em línguas mais que todos na comunidade (1Coríntios 14:18). A própria conversão do apóstolo envolveu uma visão (Atos 9:1-9). Em virtude do que foi mencionado, Paulo é o exemplo vivo de que nas Escrituras não existe espaço para a dicotomia entre erudição e entusiasmo, entre dons intelectuais e dons carismáticos, entre a academia e o quarto de oração. Os dons do Espírito permitiram a Paulo ser um grande discipulador, missionário e professor.

DONS ESPIRITUAIS E A VIDA DA IGREJA

Embora o protestantismo seja bastante paulino, o cessacionismo e a aversão pelo misticismo cristão nasceram justamente no ambiente protestante conservador. O cristianismo católico romano e o cristianismo católico ortodoxo nunca conheceram ou desenvolveram uma teoria cessacionista, ainda que sempre tenha existido, nessas tradições, desconfiança dos carismáticos. Ora, Paulo estranharia uma tradição que se diz sua seguidora, mas que ignora parte dos dons do Espírito — dons que ele menciona abundantemente em suas epístolas.

Os dons são tema recorrente não apenas na vida do apóstolo Paulo, mas também em seus escritos; vale ressaltar que, na teologia paulina, os dons são uma base importante para a vida e a organização da igreja. É a fé em Jesus Cristo e a experiência do Espírito que diferenciam as comunidades cristãs primitivas de outras manifestações religiosas.[5]

A doutrina da igreja em Paulo, chamada pelos teólogos de eclesiologia, não existe sem os dons espirituais. "Redescobrir os dons espirituais é redescobrir a real eclesiologia do apóstolo Paulo", escreveu o teólogo suíço Hans Küng.[6] Na teologia paulina, os dons não são acontecimentos esporádicos à margem da natureza da igreja, mas pertencem à essência do Corpo, assim como os sacramentos e a necessidade de comunhão. O discipulado eclesial diz respeito a uma vida dedicada ao Senhor, bem como ao corpo de Cristo, por meio da oferta de dons e talentos, e da ministração dos sacramentos.

Discípulo é sinônimo de serviçal do reino de Deus. Servir é um privilégio do discípulo. Ser cristão é ser discípulo. O cristão que não serve à comunidade não serve ao Senhor. Sabemos que a proclamação do evangelho envolve o discipulado. Discipular é crescer e amadurecer. Os dons do Espírito Santo nos ajudam,

[5] Becker, *Apóstolo Paulo*, p. 579.
[6] Hans Küng, "The charismatic structure of the church", cit. Anthony D. Palma, "Spiritual gifts — basic considerations", *Pneuma*, 1(1), 1979: 3-26.

O ESPÍRITO SANTO NOS ESCRITOS E NA VIDA DE PAULO

como igreja, a edificar o irmão e a comunidade. Por esse motivo, uma igreja bem discipulada não pode nem deve desprezar as inúmeras riquezas dos recursos do Espírito.

Ao manifestar a importância dos dons no contexto do culto (1Coríntios 12:1; 14:1), o apóstolo Paulo reproduz o pensamento judaico de sua época: a liturgia do povo de Deus é *reflexo* e *continuidade* do culto realizado nos céus. Na teologia paulina, o culto é a ligação entre o terreno e o celestial, entre o visível e o invisível.[7] O Antigo Testamento trazia a ideia de que o culto terreno era feito diante das hostes celestiais (Salmos 138:1, LXX). Na literatura judaica intertestamentária, Rafael é um dos anjos que apresentam as orações dos homens a Deus (Tobias 12:12; cp. com Apocalipse 8:3). Em Paulo, o recato no culto é requerido porque os anjos estão presentes na celebração (1Coríntios 11:10), enquanto o falar em línguas é também a linguagem dos anjos (1Coríntios 13:1). Sendo os anjos seres que ministram louvor eterno diante do trono de Deus (Isaías 6:1-4; Apocalipse 4 e 5), o culto cristão é sempre a reunião entre seres humanos e anjos no louvor ao Todo-poderoso.

Paulo nos ensina que os dons devem ser buscados em oração persistente (1Coríntios 14:1). Cabe a cada crente dedicar sua vida de oração por si e pela comunidade, para que o Espírito Santo encha a igreja de dons espirituais (1Coríntios 12:8-10), incluindo os chamados "dons de serviço" (Romanos 12:6-8) e os "dons ministeriais" (Efésios 4:11). Esse é o "segredo" do discipulado dinâmico, especialmente quando cada crente toma consciência de que pode trabalhar para o reino de Deus sem depender de um cargo ou de um título ministerial. O Senhor

---

[7] Nogueira, *Religião e poder no cristianismo primitivo*, p. 57. Veja tb. Fitzmyer, *First Corinthians*, p. 418. Corroborando a ideia, veja Thiselton, *The First Epistle to the Corinthians*, p. 841.

distribui dons à sua igreja para que a comunidade não seja inativa e improdutiva. Se você faz a comida do retiro, limpa a igreja, ajuda na manutenção financeira, exerce liderança em um pequeno grupo, ministra aulas, faz visitas, monta cesta básica, auxilia na recepção do culto, entre outras atividades, é um "ministro" da obra de Deus. Ser usado por Deus não depende apenas do microfone. Tudo o que você fizer, faça com uma alegria que abunda do Espírito Santo. O apóstolo Paulo, por exemplo, diz que as mulheres mais velhas da igreja devem orientar as mulheres mais novas sobre a vida familiar (Tito 2:3-5) — veja que essa função nobre e digna não depende de um cargo, mas é um dom de auxílio que fortalece a família e a igreja.

As atividades de dons que servem ao discipulado são, em sua maioria, invisíveis aos olhos dos outros, mas Deus não esquece a recompensa de ninguém: "Sabendo que receberão do Senhor a recompensa da herança. É a Cristo, o Senhor, que vocês estão servindo" (Colossenses 3:24); "Por isso, não abram mão da confiança que vocês têm; ela será ricamente recompensada" (Hebreus 10:35). O próprio Jesus afirma: "Eis que venho em breve! A minha recompensa está comigo, e eu retribuirei a cada um de acordo com o que fez" (Apocalipse 22:12).

7

O BATISMO NO ESPÍRITO SANTO

O BATISMO NO ESPÍRITO SANTO é um revestimento de poder que permite ao crente dar testemunho de Jesus Cristo com ousadia, coragem e agilidade. O crente batizado no Espírito Santo recebe um dom que vem do alto, o que lhe permite maior eficácia na obra do Senhor. Portanto, é impossível pensar em uma evangelização eficaz sem a ação generosa do Espírito de Deus.

O batismo no Espírito Santo é uma lição preciosa de que, sem Cristo, nada podemos fazer, nem a missão da igreja. O cristão deve ser dependente de seu mestre. Não é um ser autônomo; não é um ser isolado da comunidade que o mestre guia e dirige.

AS DIFERENTES COMPREENSÕES SOBRE O BATISMO NO ESPÍRITO SANTO

O batismo no Espírito Santo é a doutrina padrão da fé pentecostal. É o conceito-modelo do qual derivam as práticas carismáticas do pentecostalismo: o ensino dos dons espirituais, a liturgia empolgada, as palavras proféticas e a evangelização ousada. O protestantismo reformado, o anglicano e o luterano entendem o batismo no Espírito Santo como sinônimo de conversão, enquanto os católicos enxergam o batismo no Espírito associado ao sacramento do batismo com água.[1] A base para a interpretação tradicional é a doutrina da salvação, especialmente no texto de Paulo: "Pois, em um só Espírito, todos nós fomos batizados em um só corpo, quer judeus, quer gregos, quer escravos, quer livres. E a todos nós foi dado beber de um só Espírito" (1Coríntios 12:13, NAA).

Essa interpretação desconsidera, porém, que as expressões "batismo" e "Espírito Santo" não aparecem apenas nesse texto paulino, mas também em outros do Novo Testamento (Mateus 3:11; Marcos 1:8; Lucas 3:16; João 1:33; Atos 1:5). Disso, nasce uma questão interpretativa: os textos dos Evangelhos e de Atos que falam de um "batismo no Espírito" estão necessariamente ligados à observação paulina dada aos coríntios? Os pentecostais respondem com um sonoro "não". Os evangelistas não estão registrando o mesmo fenômeno mencionado pelo apóstolo Paulo, e o que determina cada interpretação é o devido contexto.

Os evangelistas não devem ser lidos segundo a medida de Paulo, especialmente quando o entendimento deles é diferente, embora complementar. De maneira constante, os protestantes têm caído na tentação de criar um cânon dentro do cânon. Os mais conservadores fazem isso com as epístolas paulinas (o que podemos chamar de "paulinização" do Novo Testamento), enquanto os progressistas tendem a fazer o mesmo com os Evangelhos. É um erro, especialmente quando

---

[1] "Atendo-se principalmente à tradição de Lucas, os pentecostais ressaltam a existência de dois batismos, ao passo que a maioria dos cristãos mais tradicionais, como católicos romanos, luteranos e presbiterianos, atendo-se mais ou menos à tradição paulina, enfatiza um só batismo em associação com a conversão ou com os sacramentos" (Dyrness; Kärkkäinen, orgs., *Dicionário global de teologia*, p. 85).

lembramos o que disse o apóstolo Paulo a Timóteo: "Toda a Escritura é inspirada por Deus e útil para o ensino, para a repreensão, para a correção, para a educação na justiça, a fim de que o servo de Deus seja perfeito e perfeitamente habilitado para toda boa obra" (2Timóteo 3:16,17, NAA). É "toda a Escritura", e não apenas parte dela.

Considerando seriamente cada autor das Escrituras, os pentecostais vêm apresentando nas últimas décadas uma leitura mais holística e completa sobre a analogia do batismo com o Espírito Santo nas páginas do Novo Testamento. Como lembra o professor e teólogo Frank D. Macchia, a analogia completa do batismo no Espírito Santo é tanto sobre salvação (e sacramento) como sobre poder.[2] Essa leitura do quadro completo faz mais justiça à Sagrada Escritura. Resumir o batismo no Espírito apenas a um evento soteriológico (salvífico) — como a tradição protestante vem fazendo desde sempre — é redundar em um erro basilar de leitura. Assim como seria um erro se os pentecostais levassem em consideração apenas o aspecto carismático do batismo espiritual. Para fins didáticos, os pentecostais dividem o batismo salvífico (batismo pelo Espírito) e o batismo carismático (batismo no Espírito) pela diferença na preposição, como veremos a seguir.

James D. G. Dunn, em um elogio aos pentecostais, mostra que o pentecostalismo evitou tanto o sacramentalismo extremo dos católicos romanos como o biblicismo extremo dos protestantes:

> Como primeiros "entusiastas", os pentecostais reagiram contra esses dois extremos. Contrariando o sacramentalismo mecânico do catolicismo extremo e a ortodoxia biblicista morta

---

[2] Macchia, *Baptized in the Spirit*, p. 61-85. Veja tb. Keener, *O Espírito na Igreja: O que a Bíblia ensina sobre os dons*, p. 165-90.

do protestantismo extremo, eles mudaram o foco da atenção para a *experiência* do Espírito. Nosso exame das provas do NT tem mostrado que eles estiveram totalmente justificados nessa questão. Que o Espírito, e particularmente o dom do Espírito, era um *fato inegável* na vida dos primeiros cristãos, trata-se de algo óbvio demais para exigir elaboração (p. ex., Atos 2:4; 4:31; 9:31; 10:44-46; 13:52; 19:6; Romanos 5:5; 8:1-16; 1Coríntios 12:7,13; 2Coríntios 3:6; 5:5; Gálatas 4:6; 5:16-18,25; 1Tessalonicenses 1:5ss.; Tito 3:6; João 3:8; 4:14; 7:38ss.; 16:7 — a presença do Espírito era para ser melhor que a presença de Jesus). Trata-se de um triste comentário a respeito da pobreza de nossa própria experiência imediata do Espírito o fato de que, quando deparamos com os termos nos quais os escritores do NT se referem diretamente ao dom do Espírito e à experiência que tiveram com ele, automaticamente nos referimos a isso como os sacramentos, e só atribuímos significado a isso quando agimos assim (1Coríntios 6:11; 12:13; 2Coríntios 1:21ss.; Efésios 1:13ss.; Tito 3:5-7; João 3:5; 6:51-58,63; 1João 2:20,27; 5:6-8; Hebreus 6:4), ou então desconsideramos a experiência descrita, julgando-a demasiadamente subjetiva e mística, em favor de uma fé que é, em essência, uma afirmação de proposições bíblicas, ou ainda efetivamente psicologizamos o Espírito fora da existência.[3]

Dunn resume em um parágrafo o medo da experiência no cristianismo tradicional (católico e protestante) e a tendência de transformar a manifestação do Espírito em uma proposição racional, um sacramento rígido e uma psicologização existencial.

---

[3] Dunn, *Baptism in Holy Spirit*, p. 225-6.

BATISMO *PELO* ESPÍRITO E BATISMO NO ESPÍRITO

Jesus Cristo é retratado nos Evangelhos e em Atos como o agente batizador do Espírito (Mateus 3:11; Marcos 1:8; Lucas 3:16; João 1:33; Atos 1:5). Por outro lado, o contexto e a própria construção gramatical de 1Coríntios 12:13 no grego indicam que o agente desse batismo espiritual é o Espírito Santo, e não Jesus. A tradução que capta bem esse sentido é a Nova Bíblia Viva: "Todos nós fomos batizados no corpo de Cristo *pelo* único Espírito, e a todos nós foi dado beber do mesmo Espírito Santo" (grifo na citação). A Nova Versão Transformadora traduz a segunda parte do versículo da seguinte forma: "Mas todos nós fomos batizados em um só corpo pelo único Espírito, e todos recebemos o privilégio de beber do mesmo Espírito". O grego permite traduzir que somos batizados no corpo, preexistente, e que o agente desse batismo é o Espírito Santo. E esse é o sentido abraçado também pelas traduções Almeida Revista Atualizada e Nova Almeida Atualizada.

Veja na tabela abaixo as diferenças interpretativas do batismo *pelo* e *no* Espírito Santo.

	BATISMO PELO ESPÍRITO SANTO	BATISMO NO ESPÍRITO SANTO
Agente batizador	Espírito Santo	Jesus Cristo
Referências	Ezequiel 36:26-28, 1Coríntios 12:13; 2Coríntios 1:22; Efésios 1:13	Números 11:24-29; 1Samuel 10:5-11; Joel 2:28,29; Mateus 3:11; Marcos 1:8; Lucas 3:16; João 1:33; Atos 1:5, 2:1-13, 4:8, 31: 6:3; 7:55; 8:14-17; 9:17; 10:44-47; 11:15-17; 13:9; 15:8; 19:1-7

Onde se dá o batismo?	No corpo de Cristo	No Espírito Santo
Que etapa da vida cristã está envolvida?	Regeneração. É a inserção no corpo místico de Cristo	Serviço. É o poder para o testemunho público, usado em palavras e obras
Quando acontece?	Na conversão	Em geral, posteriormente à conversão
Quais são os sinais?	O fruto do Espírito	A elocução profética, ou seja, o falar em línguas (glossolalia)
Quais são as consequências?	Santidade	Testemunho eficaz
Tradição veterotestamentária	Ezequiel	Moisés, Samuel e Joel
Tradição neotestamentária	Paulo	Os evangelistas (Mateus, Marcos, Lucas e João)

DEFININDO BATISMO NO ESPÍRITO SANTO

O pastor Antônio Gilberto resumiu a posição pentecostal sobre o conceito do batismo no Espírito Santo desta forma: "É um revestimento ou dotação de poder do alto, pela instrumentalidade do Espírito Santo, para o ingresso do crente numa vida de profunda adoração e eficiente serviço a Deus".[4] Myer Pearlman, na primeira teologia sistemática do pentecostalismo, escreveu que o propósito do batismo no Espírito Santo é "dar energia à natureza humana para um serviço especial para Deus".[5] Sobre a capacitação do Espírito, o teólogo

---

[4] Silva, *Fundamentos da vida cristã*, p. 31.
[5] Pearlman, *Conhecendo as doutrinas da Bíblia*, p. 311.

O BATISMO NO ESPÍRITO SANTO

J. Rodman Williams observou: "Os discípulos não foram autorizados a desfrutar a nova vida em Cristo e esquecer o mundo exterior; ao contrário, eles precisaram de um batismo no Espírito que fornecesse poder ao seu testemunho, de forma que outros pudessem igualmente receber vida e salvação".[6] A estreita ligação entre o batismo no Espírito Santo e o serviço testemunhal possibilitou ao pentecostalismo uma vitalidade missionária sem precedentes.[7] Sem o batismo no Espírito Santo, o discipulado ficará "fraco".

Observe que nenhum desses autores coloca o batismo no Espírito Santo como uma "segunda bênção" ou como uma experiência de crise semelhante à conversão. Uma caricatura comum diz que os pentecostais tratam o batismo no Espírito Santo como uma "segunda bênção" ou uma experiência equivalente à conversão. Os protopentecostais, de origem metodista, de fato, viam o batismo no Espírito como uma segunda ou terceira bênção de caráter definitivo. Mas essa nomenclatura não é usada há décadas na literatura pentecostal. O teólogo assembleiano Anthony D. Palma observa:

> A experiência pós-conversão de ser batizado no Espírito é uma obra do Espírito distinta daquela da regeneração, mas não implica que a salvação seja um processo em duas etapas. [O batismo no Espírito] é um dom, mas não é apropriado chamar de "uma segunda obra da graça". Tal linguagem implica que um crente não pode ter experiência da graça de Deus entre a fé inicial em Cristo e o enchimento inicial do Espírito. [...] Essa obra distinta de pós-conversão do Espírito não

[6] Williams, *Teologia sistemática*, p. 510.
[7] Sobre isso, veja Siqueira; Terra, *Autoridade bíblica e experiência no Espírito*, p. 206-18; Pomerville, *A força pentecostal em missões*, p. 169-85.

73

regula outras experiências do Espírito que possam precedê-la ou segui-la.[8]

Embora o batismo carismático seja uma experiência importante, o pentecostal está ciente de que a conversão, a santificação e a frutificação são ainda mais importantes e necessárias. Os pioneiros pentecostais enfatizaram a importância do fruto do Espírito e da construção de um caráter santo. Segundo Antonio Gilberto,

> é preciso que haja na vida cristã um equilíbrio na manifestação dos dons espirituais e no exercício do fruto do Espírito [...]. Há a tentação de nos tornarmos orgulhosos, quando vemos a demonstração do poder de Deus por nosso meio. O amor genuíno por Deus e pelas pessoas nos deixa cientes de que este poder de Deus é somente para glorificá-lo e nos tornar servos capazes para os outros.[9]

Os pentecostais também afirmam a necessidade de remover o foco em uma espiritualidade excessivamente individualista, que despreza a realidade cósmica da criação de Deus. Amos Yong observa: "A obra do Espírito é redimir e transformar nosso mundo todo, com todas as suas partes, estruturas e sistemas interconectados".[10] O batismo no Espírito Santo é a experiência por excelência na espiritualidade pentecostal, pois permite dinamismo e ousadia na proclamação do evangelho, não meramente como a ação individualizada do crente, mas como a atividade comunitária da igreja na missão transformadora do evangelho de Jesus Cristo.

---

[8] Palma, *O batismo no Espírito Santo e com fogo*, p. 50-1.
[9] Silva, *O fruto do Espírito*, p. 40.
[10] Yong, *Quem é o Espírito Santo*, p. 20.

OS DONS COMO EXPERIÊNCIA QUE EXALTA CRISTO

A doutrina dos dons espirituais é um divisor de águas na liturgia cristã e uma contribuição marcante do pentecostalismo à teologia da cristandade. Os dons espirituais seriam, por assim dizer, a manifestação visível do Espírito Santo, a terceira Pessoa da Santíssima Trindade, no ordenamento e na construção do culto por meio do indivíduo portador do carisma. É a participação ativa de Deus no culto a ele próprio, mas esse manifestar se dá pelo homem como "instrumento" consciente e dotado de livre-arbítrio. Os dons, portanto, são mais uma manifestação da graça divina, e a lembrança de que a liturgia, assim como a própria salvação, não é fruto do mérito humano.

A doutrina dos dons é esboçada e explicada pelo apóstolo Paulo especialmente nas epístolas aos cristãos coríntios e romanos. É interessante, logo no início, perceber que essas igrejas estavam em um contexto pagão e cosmopolita. As cidades de Corinto e Roma eram parecidas com o mundo ocidental de hoje, no sentido de serem uma sociedade plural, nominalmente relativista, supersticiosa, consumista e que, de certa forma, valorizava a alta cultura. Eram a essência da cultura greco-romana e estavam distantes do hebraísmo dos judeus. Nesse caldo cultural, o culto pagão era fortemente místico. E, nesse contexto místico, está a doutrina cristã dos dons.

Os dons, portanto, como constituições de graça divina para a edificação da igreja, visam também a uma maior eficácia na comunicação do reino. O contexto cosmopolita é cheio de ruídos de comunicação, mas a mensagem cristã sempre deve ser transparente, clara e objetiva. Não é à toa que Paulo prefere proferir poucas palavras inteligíveis a falar em muitas línguas, sem interpretação (cf. 1Coríntios 14:19). Os profetas das religiões de mistério não tinham qualquer preocupação com as próprias

PNEUMATOLOGIA

mensagens sem nexo. O transe, as danças, a embriaguez e os alucinógenos eram práticas comuns nos cultos de mistérios dionisíacos.[11] O cristianismo, porém, trazia uma doutrina mística, mas ordeira e inteligível.

O apóstolo Paulo destaca que os ídolos são mudos (1Coríntios 12:2). Havia profecias e oráculos nos cultos pagãos, mas a mensagem era essencialmente ininteligível e necessitava de interpretação. Tomás de Aquino, comentando o texto em questão, escreveu que a "falta de expressão [do ídolo] é particularmente salientada [por Paulo] porque a fala [o discurso] é o efeito necessário do conhecimento".[12] O apóstolo não desejava ter uma igreja ignorante sobre os dons, assim como eram quando viviam na ignorância do paganismo.

Paulo também contrasta a vivência idólatra passada dos coríntios com a nova experiência cristã carismática (cf. 1Coríntios 12:1-4, espec. v. 2).[13,14] É um contraste, não uma comparação em busca de semelhanças. Na experiência cristã, a base da espiritualidade carismática não é o nível do transe, a extravagância do culto, o espetáculo do oráculo, mas a confissão cristocêntrica nos enunciados, nas elocuções e nas revelações. É o senhorio de Cristo que delimita o factível no exercício dos dons

---

[11] Freedman, *The Anchor Yale bible dictionary*, p. 942.

[12] Aquinas [Aquino], *Commentary on the First Epistle to the Corinthians*.

[13] Fee, *Comentário exegético: 1Coríntios*, p. 730.

[14] Esse é o trecho que apresenta duas linhas de interpretação. O teólogo D. A. Carson, por exemplo, não acredita que Paulo trace paralelos de contraste entre o êxtase pagão e o dom carismático. Para Carson, o v. 2 é extensão do primeiro, ou seja, Paulo fala sobre a ignorância (alienação) pagã, e não necessariamente sobre a experiência místico-religiosa pagã (cf. Carson, *A manifestação do Espírito*, p. 27). Uma posição contrária pode ser lida em Simon Kistemaker, *1 Coríntios* (São Paulo: Cultura Cristã, 2004), p. 572-4. Veja tb. Palma, "1 Coríntios", p. 1008-10; Leon Morris, *1 Coríntios: introdução e comentário* (São Paulo: Vida Nova, 1981), p. 132-3; David Prior, *A mensagem de 1 Coríntios: a vida na igreja local*, 2 ed. (São Paulo: ABU, 2001), p. 205-8; Horton, *A doutrina do Espírito Santo*, p. 111.

espirituais. É na confissão de fé cristã, e não no movimento corporal ou na expressão de oratória — recheada de clichês religiosos e místicos —, que se define a espiritualidade cristã.

Assim como no passado, a doutrina dos dons faz todo o sentido para o contexto contemporâneo. Não só porque a sociedade busca experiências autênticas e místicas, mas também porque vive completamente sem direção ou sentido. Os dons, no contexto eclesiástico, além de consolidar a comunhão e a edificação mútuas, servem também como espaço para uma vivência mais presente da comunicação divina. A doutrina não é somente verdadeira porque faz sentido, mas porque é biblicamente sustentável; mesmo assim, toda doutrina bíblica precisa fazer sentido para o ouvinte. E o sentido está na supremacia de Cristo. A fé carismática é necessariamente cristocêntrica, ou não é realmente carismática. Portanto, a espiritualidade ligada aos dons, além de cristocêntrica, é também comunicacional, evangelizadora e relevante para o contexto contemporâneo.

8

DONS ESPIRITUAIS OU TALENTOS NATURAIS?

QUANDO VOCÊ PENSA EM ALGUÉM cheio do Espírito, talvez venha à sua mente um pregador destemido ou um evangelista ousado que profetiza e fala em línguas. Esse pensamento não está errado porque essa é a imagem que temos de pessoas cheias do Espírito em Lucas-Atos (a exemplo de Atos 2:1-4). Todavia, Deus diz a Moisés que escolheu Bezalel e o encheu "do Espírito de Deus, dando-lhe destreza, habilidade e plena capacidade artística" (Êxodo 31:2). Bezalel foi um artesão que trabalhou nos detalhes artísticos do tabernáculo. Isso não é incrível? O Espírito Santo conduz o irmão que cuida da pintura da igreja e capacita a irmã que faz os arranjos de flores do púlpito. Não é simplesmente sensacional que a arte e o cuidado com a estética estejam ligados ao enchimento do Espírito? É fantástico saber que Deus levantou dois artesãos e lhes concedeu dons para trabalharem na arquitetura e na

DONS ESPIRITUAIS OU TALENTOS NATURAIS?

arte do tabernáculo.[1] Essa passagem de Êxodo mostra que o nosso Deus se importa com a beleza. O mero cuidado com a estética do tabernáculo é, para Deus, uma capacitação advinda dele mesmo.

Talvez você se dedique à arte da arquitetura, da pintura, da música ou da escultura. O fato é que você pode fazer tudo isso não só por seu talento natural, mas também como parte do enchimento do Espírito em sua vida. O Espírito quer levantar artistas neste mundo sedento de arte, mas que sejam artistas que pulsem a vida de Deus!

Mas as habilidades de Bezalel não eram meros talentos naturais? É comum em aulas bíblicas, seminários e até mesmo em livros cristãos a afirmação de que talento difere de dom. O primeiro é humano, natural, inato e pode ser aperfeiçoado pela técnica. O segundo vem do Espírito e sempre contém algum elemento *sobrenatural*. Segundo essa tese, cantar com maestria é um talento, mas não um dom do Espírito, enquanto a profecia é um dom do Espírito, mas não um talento. Embora essa separação sobre os propósitos de cada dádiva seja didática, o fato é que a Bíblia não faz uma divisão rígida entre *talento* e *dom*. Aliás, na Bíblia, toda vez que a palavra "talento" (gr., *tálanton*) aparece é para se referir a uma moeda greco-romana ou medidas de peso. A Bíblia não usa a palavra "talento"

---

[1] Infelizmente, a tradição evangélica brasileira é excessivamente iconoclasta, ou seja, desconfia de toda arte em forma de escultura e pintura. Além disso, confunde arte com adesão ao catolicismo romano. Os exageros do catolicismo romano nessa área levaram os evangélicos a reagir com outro extremo: o desprezo a qualquer arte religiosa. A ignorância é tão grande sobre o assunto que as pessoas esquecem que algumas das mais importantes tradições protestantes, especialmente o anglicanismo e o luteranismo, também trabalham com uma vasta iconografia (imagens e esculturas). Esquecem também que igrejas evangélicas e pentecostais de outros países cultivam vitrais, cruzes, velas, pinturas, entre outros, desde seus primórdios. A Bíblia dedica um livro inteiro (Levítico) a falar, em grande extensão, sobre a arte do tabernáculo.

da forma que usamos atualmente. Na língua portuguesa, somente a partir do século 17 é que a palavra "talento" passou a significar dom natural, aptidão, capacidade inata ou adquirida. A definição contemporânea de "talento" como aptidão se deve à influência da popularidade da parábola dos talentos (Mateus 25:14-30).

Quando o apóstolo Paulo fala sobre os dons do Espírito aos cristãos de Roma, por exemplo, coloca na mesma lista a profecia, o ensino, a generosidade na contribuição financeira, a administração e a exortação (cf. Romanos 12:6-8). Em sua segunda lista dos dons espirituais, feita aos coríntios, o apóstolo coloca a cura divina e o falar em línguas ao lado do dom de ensino e da administração (1Coríntios 12:28). Na teologia de Paulo, não existia divisão entre *dom sobrenatural* e *talento natural*. Da mesma forma, na Bíblia hebraica, a arquitetura, a pintura, a botânica e a decoração são colocadas como dons do Espírito (Êxodo 31:1-11). O texto bíblico diz que os filhos de Asafe profetizavam "com harpas, liras e címbalos" (1Crônicas 25:1). Asafe, aliás, era conhecido como vidente, ou seja, como um profeta que experimentava visões (2Crônicas 25:30). O próprio Davi era um cantor-profeta (2Samuel 23:1,2). Portanto, essas divisões entre *dons de serviço* e *dons espirituais*, embora sejam didáticas, não são extraídas da própria Bíblia. Da mesma forma, a Bíblia não faz divisão entre *dom natural* e *dom sobrenatural*.

É verdade que alguns dons são de natureza miraculosa; outros, não. Alguns dons podem ser aperfeiçoados; outros, não. Alguns dons são recebidos a partir da busca em oração; outros já estão em nós quando nascemos. Alguns dons envolvem o serviço do dia a dia; outros, a liturgia do culto. Todavia, a fonte de todo dom é o Espírito Santo de Deus. Tiago, o irmão do Senhor, escreveu: "Toda boa dádiva e todo dom perfeito vêm lá do alto, descendo do Pai das luzes" (Tiago 1:17). Todos nós, como já dito, temos dons. "Devemos ter certeza de que nenhuma pessoa preguiçosa está a salvo das consequências de receber um talento. Ninguém pode dizer verdadeiramente: 'Não recebi um talento e não há razão para que eu seja obrigado a prestar contas'. Mesmo o pouco que qualquer pobre recebeu será contado como seu talento", pregou Gregório Magno (540-604 d.C.).[2] Àqueles que Deus deu dons, cobrará as devidas responsabilidades. Todos nós somos chamados a prestar contas daquilo com que Deus nos presenteou.

DIVERSIDADE NA UNIDADE

No texto mais abrangente sobre os dons espirituais (1Coríntios 12—14), o apóstolo Paulo lembra que "os dons são diversos" (12:4, NAA). A diversidade aponta para a realidade do sacerdócio universal dos crentes. Todos, sem exceção, podem exercer dons espirituais em suas comunidades para a edificação do corpo de Cristo. Comunidades excessivamente centradas no clero (ministros ordenados) estão, invariavelmente, desrespeitando esse princípio tão presente em todo o Novo Testamento. Embora os dons não capacitem todos os crentes à ministração da Palavra e das ordenanças, por outro lado, as dotações espirituais apontam para a ideia de que a edificação da igreja não está apenas nas mãos de pastores e presbíteros.

A diversidade também aponta para uma unidade: "o Espírito é o mesmo" (12:4, NAA), segundo Paulo. A doutrina da igreja das Escrituras é o balanço entre as diversidades de dons, talentos e ministérios; a fonte de quem deriva essa multiplicidade de ações é o próprio Espírito Santo. Embora o texto de 1Coríntios

[2] Williams; Wilker, *Matthew*, p. 469.

não seja explicitamente trinitário, esse enlace entre a diversidade e a unidade na igreja por meio dos dons espirituais indica uma realidade mais sublime: o equilíbrio perfeito entre a diversidade e a unidade no Deus Trino. Como diz o Credo de Atanásio: "O Pai é Deus, o Filho é Deus, o Espírito Santo é Deus. E, contudo, não são três deuses, mas um só Deus".

No capítulo 12 de 1Coríntios, Paulo foca especialmente na importância da unidade do Espírito e mostra aos coríntios a importância de desfazer qualquer sentimento de superioridade espiritual diante dos dons recebidos. Um dom pode até ter maior visibilidade e causar mais impacto, mas é o mesmo Espírito que opera por meio de outro irmão com um dom, digamos, menos "espetacular". Os dons podem ser desiguais em alcance e expressividade, mas são iguais no que diz respeito à fonte. A unidade não implica uniformidade, mas esta não deve ser motivo de orgulhoso e vaidade.

CONTINUACIONISMO OU CESSACIONISMO?

Nos debates sobre os dons espirituais, há pelo menos duas teorias básicas: o *continuacionismo* e o *cessacionismo*. Os continuacionistas defendem a ideia de que todos os dons descritos no Novo Testamento estão disponíveis aos nossos dias, enquanto os cessacionistas afirmam que havia dons espirituais exclusivos para a era apostólica. Todos os pentecostais são continuacionistas, embora nem todos os continuacionistas sejam de tradição pentecostal. Hoje, a maioria dos teólogos e biblicistas evangélicos são continuacionistas e expressam confiança de que os dons são para hoje.[3] O próprio cessacionismo é que parece cessar. À luz

[3] Craig S. Keener fez um levantamento de referências na teologia contemporânea que expressam opiniões continuacionistas, e listou nomes como John Goldingay, James

DONS ESPIRITUAIS OU TALENTOS NATURAIS?

do que o Novo Testamento ensina sobre a igreja, é impossível ser uma igreja plena e bem discipulada sem os dons do Espírito Santo. Como lembra James D. G. Dunn: "Paulo evidentemente não concebeu uma congregação composta de carismáticos e não carismáticos: todos são carismáticos, pois é isso que significa ser membro de um só corpo em Cristo".[4] Os principais textos sobre os dons espirituais são de autoria do apóstolo Paulo (Romanos 12:6-8; 1Coríntios 12:8-10,28-30; Efésios 4:11,12). Didaticamente, esses dons são divididos entre dons *assistenciais*, dons *espirituais* e dons *ministeriais*. Embora essas nomenclaturas sejam úteis para o estudo do assunto, vale lembrar que essa divisão não deriva diretamente da Bíblia. Quando usada com rigidez, trará mais confusão do que esclarecimento. Por exemplo, a profecia é tida como um "dom espiritual", mas em Romanos ela aparece associada aos dons "assistenciais" de misericórdia e socorro. Também é importante lembrar que nenhuma das listas paulinas pretende ser exaustiva. Observe que, na lista de 1Coríntios 12:28, os dons das três listas mencionadas se misturam, quando comparados com a lista de 1Coríntios 12:4-11.

Dito isso, o espaço dado pelo apóstolo Paulo ao tema aponta para a necessidade da edificação advinda dos dons espirituais na igreja contemporânea. Poucos assuntos no Novo Testamento ocuparam tanto da tinta paulina quanto este. De acordo com a lógica cessacionista, os textos paulinos sobre os dons passam a exercer atualmente apenas o registro histórico de uma espiritualidade antiga e superada.

Dunn, D. A. Carson, N. T. Wright, Luke Timothy Johnson, Scot McKnight, Ben Witherington III, Gerald McDermott, Miroslav Volf, James K. A. Smith, entre outros (Keener, *A hermenêutica do Espírito: lendo as Escrituras à luz do Pentecostes*, p. 466-72).

[4] James Dunn, *Romans 9—16*, 1. ed., Word Biblical Commentary (Grand Rapids: Zondervan Academic, 2014), vol. 38B, p. 487.

PNEUMATOLOGIA

COMO DEFINIR DONS?

Uma das grandes dificuldades da teologia bíblica ao lidar com o assunto dos dons espirituais é defini-los. Embora haja referências abundantes nas Escrituras sobre alguns dons, como a profecia e o falar em línguas, outros carismas são mencionados de forma literal. Por exemplo, qual seria a real diferença entre o dom de palavra de sabedoria e o de palavra de ciência ou conhecimento (1Coríntios 12:8)? Ou ainda entre os dons de fé, de operações de maravilhas e de curas? É evidente que existem diversas explicações, mas, em geral, as teorias popularizadas carecem de um aparato bíblico sólido. Observa-se, por exemplo, que os dons de variedade de línguas, discernimento de espíritos, palavra de sabedoria e palavra de conhecimento, além da interpretação de línguas, indicam derivações do dom de profecia.

9

DEFININDO DONS ESPIRITUAIS

EMBORA SEJA DIFÍCIL E POUCO CONSENSUAL definir quais são os dons do Espírito e de que forma cada um auxilia no discipulado e na vida diária da igreja, um livro de pneumatologia pentecostal não poderia esquivar-se desse assunto. Embora o esquema apresentado a seguir seja puramente didático, considero útil pelo menos para ter uma visão da riqueza com que o Espírito age em meio ao corpo de Cristo.

DONS DE SERVIÇO

Os dons de serviço tradicionalmente estão associados à lista feita por Paulo em Romanos 12:6-8:[1]

De modo que, tendo diferentes dons, segundo a graça que nos é dada: se é profecia, seja ela segundo a medida da fé; se

---

[1] Para fins didáticos, uso neste capítulo a tradução da Almeida Revista Corrigida (ARC), de 2009, usada pela maioria dos pentecostais brasileiros.

é ministério, seja em ministrar; se é ensinar, haja dedicação ao ensino; ou o que exorta, use esse dom em exortar; o que reparte, faça-o com liberalidade; o que preside, com cuidado; o que exercita misericórdia, com alegria".

Podemos esquematizar os dons de serviço conforme mostra a tabela abaixo:

DOM	DEFINIÇÃO
Profecia	Capacidade que o Espírito Santo concede ao crente para falar palavras de conforto, consolo e encorajamento advindas de uma revelação sobrenatural. Nem sempre envolve a descrição do futuro, mas também pode descrever uma situação presente que apenas Deus sabe. O dom de profecia é um auxílio essencial ao discipulado, pois o discipulado envolve lidar com pessoas que sofrem e que precisam receber conforto e encorajamento da parte do Senhor.
Ministério	Serviço, diaconia, apoio, auxílio. É o servir às mesas. Não é uma função apenas de diáconos ordenados, mas é um dom possível a todo crente. Servir é a essência do discipulado na comunidade. Esse dom envolve várias atividades, como organização de eventos e cultos, recepção, preparação de comida etc.
Ensino	Transmissão de informações, é doutrinamento e envolve didática. É uma atividade em ligação estreita com o discipulado. Sem ensino, o discipulado não se sustenta no longo prazo.
Exortação (conforto, encorajamento)	Ato de chamar para (o meu lado): confortar, encorajar. Diferente da profecia, esse dom não envolve uma palavra sobrenatural, mas procede igualmente do impulso do Espírito Santo. Lidar com pessoas no discipulado é lidar constantemente com a necessidade de conforto.

Repartir (doar)	Compartilhar, dar, doar. O discipulado também envolve a ajuda financeira aos mais necessitados. Uma das características do discipulado é o envolvimento e, quando nos envolvemos, abraçamos a dor do outro.
Presidência (administração)	Ato de estar à frente de um grupo, como administrador, superintendente, guardião e protetor. Embora seja parecido com a função do presbítero, não apenas o presbítero deve exercer a administração da igreja. Outras pessoas são chamadas por Deus para auxiliar na missão de cuidado da casa do Senhor. Quantas atividades administrativas um grupo de discipulado demanda? Muitas. É preciso contar com alguém para organizá-las.
Misericórdia	Diz respeito a ajudar alguém aflito ou que busca auxílio. Diferente da diaconia, o dom de misericórdia normalmente é voltado para fora da igreja, enquanto a diaconia é voltada para os "domésticos da fé". Envolve, entre outras coisas, assistência social, desenvolvimento comunitário, justiça social etc. Os cristãos engajados na luta pela equidade e pela reconciliação também encontram o auxílio e a dotação do Espírito Santo. O próprio Jesus vincula seu ministério ao Espírito e ao auxílio dos pobres e cativos (Lucas 4:14-21).[2]

DONS ESPIRITUAIS

A clássica lista dos dons espirituais se encontra em 1Coríntios 12:8-10 (ARC):

> Porque a um, pelo Espírito, é dada a palavra da sabedoria; e a outro, pelo mesmo Espírito, a palavra da ciência; e a outro,

---

[2] Quanto a um tratamento teológico sobre o engajamento pentecostal nas lutas de justiça social, veja Antipas Harris; Michael Palmer, *The Holy Spirit and social justice interdisciplinary global perspectives: history, race and culture* (Lanham: Seymour Press, 2019).

PNEUMATOLOGIA

pelo mesmo Espírito, a fé; e a outro, pelo mesmo Espírito, os dons de curar; e a outro, a operação de maravilhas; e a outro, a profecia; e a outro, o dom de discernir os espíritos; e a outro, a variedade de línguas; e a outro, a interpretação das línguas.

Os dons espirituais podem ser esquematizados conforme a tabela abaixo:

DOM	DEFINIÇÃO
Palavra de sabedoria (expressão de sabedoria)	"Palavra de sabedoria" é uma expressão de fala que dá direcionamento em uma situação específica. É um modo sábio de falar. Sabedoria é a ação prática da inteligência. Não é um discurso especulativo ou abstrato, mas a palavra que vem para solucionar questões. Por exemplo, no Concílio de Jerusalém a igreja tomou decisões práticas de problemas da época por meio da ação do Espírito Santo: "pareceu bem ao Espírito Santo e nós" (Atos 15:28). Imagine quanto uma igreja bem discipulada pode beneficiar-se de decisões sábias e práticas vindas do Espírito Santo para as questões do dia a dia.
Palavra de ciência (palavra de conhecimento)	"Palavra de conhecimento" é uma "expressão verbal especial de algum tipo revelador", diz Gordon D. Fee.[3] Esse foi o dom que permitiu a Pedro descobrir que Ananias e Safira usavam de mentiras para reter parte do dinheiro da oferta (Atos 5:1-4). O Espírito Santo pode revelar uma situação que ninguém conhece ou que apenas uma ou outra pessoa conhece. É um dom semelhante à profecia.
Fé	O dom de fé nunca funciona sozinho. Em geral, está relacionado ao dom de "operação de maravilhas" e aos "dons de curar". A fé é o instrumento para o milagre acontecer, mas tanto a fé como o milagre provêm do Espírito Santo.

[3] Fee, *Comentário exegético: 1Coríntios*, p. 750.

DEFININDO DONS ESPIRITUAIS

Dons de cura	Veja a definição completa no capítulo "A cura divina".
Operação de maravilhas	Esse dom permite que o dom de fé seja concretizado. A expressão "operação de maravilhas" também pode ser lida como "operação de milagres". Muitos milagres que aconteceram no ministério apostólico não eram curas, como, por exemplo, a cegueira causada em Elimas, o Mago (Atos 13:8-11).
Discernimento de espíritos	Capacitação para discernir e distinguir a origem de diversas manifestações espirituais, "sejam elas provenientes de Deus, de Satanás ou de outros seres humanos".[4] Esse discernimento vem por meio de revelação. Podemos lembrar Atos 16: 17,18, quando Paulo discerniu que a revelação que levava uma garota a proclamar que ele e seus companheiros eram "servos do Deus Altíssimo" não provinha do Espírito Santo, mas de demônios.
Variedade de línguas	A expressão também pode ser lida como "tipos de línguas" ou "tipos de linguagem". Essa ideia de variedade permite especular que Paulo acreditava na possibilidade de o "falar em línguas" expressar diversos tipos de idiomas, humanos ou angelicais.
Interpretação de línguas	Capacitação sobrenatural de interpretar as línguas não é, literalmente, uma "tradução" das línguas, palavra por palavra, mas uma interpretação da mensagem transmitida por alguém usado no falar em línguas.

DONS MINISTERIAIS

A última lista bíblica de dons se refere aos dons ministeriais, e é encontrada em Efésios 4:11: "E ele mesmo deu uns para apóstolos, e outros para profetas, e outros para evangelistas, e outros para pastores e doutores". Esses dons podem ser definidos conforme a tabela abaixo.

[4] Fitzmyer, *First Corinthians*, p. 468.

PNEUMATOLOGIA

DOM	DEFINIÇÃO
Apóstolo	A palavra "apóstolo" tem sentido de "enviado". O apóstolo é todo aquele que Deus levanta para desbravar um novo campo missionário, normalmente em espaços nos quais o evangelho é total ou parcialmente desconhecido. Os apóstolos de hoje são os missionários e plantadores de novas igrejas em locais onde ainda não foram estabelecidas.
Profetas	Profeta é um pregador e proclamador da Palavra de Deus, usado para exortar e confortar a igreja de Cristo (Atos 15:32). Pode ser usado ou não por Deus no dom de profecia (Atos 11:28; 21:11).
Evangelistas	Evangelista também é um proclamador da Palavra. Diferentemente do profeta que fala dentro da igreja, o evangelista normalmente está fora dela, anunciando o evangelho.
Pastores	Pastores são homens levantados para direcionar e ensinar a congregação. A capacidade do pastor vai além do ensino, embora seja essa sua atividade primordial. O pastorado engloba qualidades que envolvem o dom de administração e de aconselhamento.
Doutores (mestres)	O mestre exerce o dom de ensino. O discipulado não existe sem ensino, função vital para o corpo de Cristo. Embora todo pastor deva ser mestre, nem todo mestre será pastor, assim como nem todo mestre tem vocação para aconselhamento. Muitos mestres são eficazes em ensinar grupos, mas poucos são efetivos para o discipulado pessoal.

10

A CURA DIVINA

UM DOS "QUADROS" MAIS COMUNS dos canais de televangelistas é o "culto de cura". Nesses "cultos", normalmente o pastor chama os doentes para a frente da igreja e inicia uma oração do tipo: "Demônio da leucemia, saia agooooooora!". Podem ser "demônios" da gripe, da Aids, do reumatismo, da hipertensão etc. Nesses "cultos", doença equivale a demônio, e os diabos estão presentes no corpo do enfermo, mesmo que este seja um cristão autêntico. Portanto, segundo os evangelistas da cura, as doenças precisam ser expulsas com veemência e inteiramente rejeitadas.

A cura divina é tema recorrente no meio pentecostal. Os cristãos, de maneira geral, acreditam que o Senhor pode curar os doentes. É comum haver reuniões em que os pastores proclamam a vitória contra as doenças e seus males. Há reuniões de cura, pastores que dizem ter um ministério voltado à cura divina, campanhas e vários livros sobre o tema. Nas Escrituras, Jesus e os apóstolos tiveram um ministério de cura frutífero e atraente. Porém, excetuando algumas comunidades neopentecostais, a cura divina parece um acontecimento raro. Como entender essas questões?

PNEUMATOLOGIA

AS TEORIAS EQUIVOCADAS SOBRE A CURA DIVINA

Fred Francis Bosworth (1877-1958) foi um pioneiro pentecostal nos Estados Unidos. Contrariando a doutrina da evidência inicial — segundo a qual o falar em línguas é uma evidência do batismo no Espírito Santo —, Bosworth se desligou das Assembleias de Deus em 1918. Filiou-se, então, à instituição Christian and Missionary Alliance e desenvolveu um ativo ministério de cura. Sua teologia foi grandemente influenciada por Essek William Kenyon, um dos primeiros autores a escrever a respeito da cura divina. No início dos anos 1950, Bosworth se uniu ao polêmico William Branham.

Bosworth escreveu o livro *Cristo, aquele que cura*,[1] influenciando, assim, uma geração de pregadores carismáticos, como Kenneth Hagin e Tommy Lee Osborn. Este último, baseado no livro de Bosworth, escreveu sua famosa obra, *Curai enfermos e expulsai demônios*. Bosworth defendia a tese de que as doenças são "opressões demoníacas". Seus seguidores, como o próprio William Branham, oravam da seguinte maneira: "Saia dele, saia agora, demônio da doença tal, saia agora!". Esse tipo de pensamento e oração é visto em igrejas pentecostais e carismáticas. Adeptos da confissão positiva também ensinam essa doutrina em suas igrejas, livretos e vídeos nas redes sociais.

É claro que os demônios podem valer-se de doenças para oprimir pessoas, sejam elas cristãs ou não (cf. Jó 2:7; Lucas 13:16; Atos 10:38; 2Coríntios 12:7). Porém, afirmar categoricamente que toda doença é fruto de opressão demoníaca é uma absurda conclusão doutrinária. Há doenças causadas por velhice, epidemias, descuidos com o corpo e a mente. Toda doença é fruto de uma

---

[1] Publicado no Brasil pela Graça Editorial, 2002.

A CURA DIVINA

prática pecaminosa? Claro que não. A prática do pecado pode causar enfermidades: a embriaguez, por exemplo, está associada a diversas doenças, que são as consequências desse pecado (2Crônicas 26:19,20; João 5:14). Deus sempre perdoa o pecado, mas nem sempre remove suas consequências. O pecado pessoal pode ser fonte para doenças, mas nem toda doença é fruto do pecado pessoal. Todas as doenças vêm da maldição do pecado original, mas é preciso separá-lo do pecado pessoal.

Os supostos "mestres da fé" também ensinam que pessoas continuam doentes porque lhes falta fé. No entanto, uma pessoa que se mantém fiel ao Senhor enquanto convive com uma doença crônica é um grande exemplo de fé. A fé não é atributo somente dos vitoriosos, mas, muitas vezes, daqueles que sofrem com paciência. Hebreus 11 mostra vitoriosos e perdedores na galeria dos heróis da fé. Muitos cristãos, na verdade, adoecem e se deprimem por causa dessas e de outras mentiras proclamadas por púlpitos irresponsáveis.

Doenças também não são demônios que precisam ser expulsos. Um crente pode ser oprimido por uma doença cuja causa é um demônio, mas isso não quer dizer que ele esteja possuído. Câncer, gripe, pneumonia, lepra, depressão, coronavírus e outras enfermidades não são demônios; são doenças e ponto-final. Portanto, é tola a oração em que se ordena: "Saia demônio da gripe, saia demônio da depressão!". Nesse tipo de oração, ficam implícitas duas coisas: ou você acredita em um contrassenso do "crente endemoninhado" ou não sabe a diferença entre uma doença e um ser pessoal (no caso, um demônio).

OS DONS DE PODER

A expressão *dons de poder* é usada na teologia sistemática pentecostal para classificar os dons de cura, operação de maravilhas e

PNEUMATOLOGIA

fé. Esses carismas podem ser vistos como o espectro mais espetacular dos dons espirituais. Assim como os demais talentos, os dons de poder — entre eles, a cura divina — visam à edificação mútua da igreja. A cura do corpo relaciona e entrelaça a doutrina do Espírito Santo, a doutrina da salvação e a doutrina das últimas coisas. Toda cura divina é a salvação operada no corpo e é, ao mesmo tempo, um antegozo da ressurreição.

A cura divina aponta para a escatologia porque a restauração milagrosa da saúde e das limitações físicas são amostras da ressurreição do corpo. A cura é, por assim dizer, uma antecipação da manifestação plena do reino de Deus que acontecerá no futuro; ou seja, é a possibilidade de experimentar hoje um pouco do que será a completa restauração do corpo no momento sublime da ressurreição. Segundo a lógica do reino, a cura é o "já" e a ressurreição do corpo é o "ainda não". No fim da história, a ressurreição acontecerá por completo. A crença na ressurreição é tão vital para a fé cristã que o apóstolo Paulo afirma: "E, se Cristo não ressuscitou, é inútil a nossa pregação, como também é inútil a fé que vocês têm" (1Coríntios 15:14).

A cura é a agência da salvação no corpo humano. Na Queda, o homem entra em desordem contra sua própria estrutura física. É a luta de si contra si. O despertar do fruto proibido é a percepção perturbadora da própria nudez (Gênesis 3:7). Antes da Queda, na corporeidade do Éden, havia harmonia entre Adão e seu corpo. Depois do paraíso perdido, existem apenas desconforto, dor e fadiga, e o físico se reveste do peso de quem carrega cadeias. A cura, por outro lado, representa a libertação do corpo. A salvação é sempre libertadora. Jesus liga a cura do corpo à salvação integral do homem quando argumenta, em Lucas 5:22-25:

> Que é mais fácil dizer: "Os seus pecados estão perdoados", ou: "Levante-se e ande"? Mas, para que vocês saibam que o Filho

do homem tem na terra autoridade para perdoar pecados — disse ao paralítico — eu lhe digo: Levante-se, pegue a sua maca e vá para casa. Imediatamente ele se levantou na frente deles, pegou a maca em que estivera deitado e foi para casa louvando a Deus.

Apenas Cristo pode perdoar pecados e, simultaneamente, curar o corpo — tudo é a mesma teia de salvação em ação.

O resumo dessa verdade é encontrado no chamado "quadrilátero pentecostal": Jesus salva; Jesus cura; Jesus batiza no Espírito e Jesus é o Rei que em breve virá. Esses enunciados simples dizem verdades poderosas. Em primeiro lugar, o quadrilátero é cristocêntrico. Em segundo lugar, no quadrilátero pentecostal, a salvação é uma manifestação holística: Jesus não apenas salva a "alma", mas também restaura o corpo. Como já afirmado, a valorização da corporeidade aponta para a esperança da ressurreição e para a antecipação do reino de Deus. Em terceiro lugar, Jesus nos enche do Espírito com vistas à proclamação da Palavra. A fé pentecostal é uma fé encarnada e missionária pelo impulso do Espírito. Em quarto lugar, o quadrilátero lembra a verdade que engloba as demais verdades: Jesus Cristo é o Rei que em breve virá. Ele é o Rei que instaurou seu reino em nossa vida e que brevemente virá consumá-lo.

DONS DE CURAS

É curioso que as palavras "dons" e "curas" estejam no plural no grego (*charismata iamatōn*; 1Coríntios 12:9); sendo o único dom mencionado nessa estrutura gramatical. É possível fazer muitas especulações a esse respeito, mas o plural traz a ideia de, obviamente, pluralidade. Mas seriam muitos "subdons"? Talvez um dom para cada tipo de doença e necessidade? Ou ainda, formas diversas de manifestação do mesmo dom, um dom para a cura do corpo e outro para a cura da mente? Poderia ainda indicar curas repetidas e continuadas? Difícil saber, pois a Bíblia se cala sobre esse detalhamento. Provavelmente, como afirma Gordon D. Fee, a pluralidade indica que o dom não é permanente no portador, mas surge segundo cada necessidade específica.[2] Joseph Fitzmyer entende que a pluralidade aponta para diferentes tipos de cura.[3] Archibald Robertson e Alfred Plummer observam que "o plural parece implicar que diferentes pessoas tinham, cada qual, uma doença ou um grupo de doenças que poderiam curar".[4] É provável que todos estejam certos.

Gottfried Brakemeier comenta que os dons de poder — cura, operação de maravilhas e fé — é a igreja cumprindo "seu mandato terapêutico mediante oração, imposição de mãos, bênção e solidariedade, mostrando a seu modo que Deus faz maravilhas".[5] Certamente Paulo não é tão evasivo quanto Brakemeier sugere. O Novo Testamento mostra nitidamente que, ao falar de cura, se refere a "milagres espetaculares e espantosos", e não a mero exercício terapêutico e solidário, porque há outros dons — misericórdia e exortação (Romanos 12:3-8) — que cumprem o propósito de oferecer conforto. Interpretar ou reinterpretar o dom de poder como mero exercício de capelania é exegese afetada pela desconfiança moderna do supranatural.

---

[2] Fee, *The First Epistle to the Corinthians*, 1. ed. (Grand Rapids: Eedmans, 1987), p. 594 [edição em português: *1Coríntios*, Série Comentário Exegético (São Paulo: Edições Vida Nova, 2019)].

[3] Fitzmyer, *First Corinthians: a New Translation with introduction and commentary* (London: Yale University Press, 1974), p. 467

[4] "Plural grego, 'curas'; referindo-se a diferentes tipos de doenças que precisam de diferentes tipos de cura" (Archibald Robertson; Alfred Plummer, *A critical and exegetical commentary on the First Epistle of St. Paul to the Corinthians* [Edimburgo: T&T Clark, 1999], p. 265).

[5] Brakemeier, *A primeira carta do apóstolo Paulo à comunidade de Corinto*, p. 161.

A CURA DIVINA

Embora creiamos que a cura divina deve ser buscada e incentivada, cabe lembrar que nem sempre Deus cura. O apóstolo Paulo, por exemplo, foi usado por Deus na cura de um paralítico (Atos 14:8-10), mas, diante da doença estomacal de Timóteo, que era uma doença mais simples que a paralisia, o apóstolo recomendou o vinho como remédio (1Timóteo 5:23), um conceito medicinal amplamente difundido na Antiguidade.

Tomás de Aquino, o grande teólogo medieval, ensinou que há uma diferença essencial entre o agente principal e o agente instrumental na operação das bênçãos divinas.[6] O agente principal (Deus) opera a graça no interior, enquanto o agente instrumental (homem) opera no exterior. O agente instrumental nada faz e nada é em relação ao agente principal, e em tudo depende do primeiro, ou seja, ele age como um instrumento que está sujeito à ação do instrumentista. Os primeiros pentecostais sabiam disso e nunca afirmavam ter o ministério de cura. Embora buscassem os dons de cura, tinham consciência de que a manifestação efetiva desse dom não era fruto de sua vontade, mas da soberana vontade de Deus.

Os dons de cura não podem ser confundidos com curandeirismo. Paulo, a quem Deus usou para realizar várias curas, não foi usado para isso quando seu amigo precisou. Ninguém que, em algum momento, tenha sido usado por Deus na ministração de cura tem o direito de achar que detém uma espécie de "poder autônomo" que pode ser usado a seu bel-prazer. O cristão por meio de quem Deus cura não é um "benzedeiro" ou uma espécie de "feiticeiro", figuras típicas das religiões animistas. O poder não é da pessoa, nem pode ser manipulado pelo ser humano, mas é dado pelo Espírito conforme sua soberania (1Coríntios 12:11).

[6] *Suma teológica* IIIa, q. 64, a. 1.

PNEUMATOLOGIA

Como disse Paulo: "a cada um, porém, é dada a manifestação do Espírito, visando ao bem comum" (1Coríntios 12:7). Como notava Thomas R. Hoover, missionário nas Assembleias de Deus do Brasil, alguns dons têm o caráter de permanência (como é o dom de ensino), enquanto outros dons "se manifestam conforme a ocasião e a fé do crente (Romanos 12:6)".[7] Assim funcionam os dons de cura: eles não são provisórios, até porque alguém pode ser usado nesse aspecto com certa regularidade, mas não podem ser vistos como "propriedade", como se pudessem ser acionados na hora que o "portador" quisesse.

É, certo, porém, que, na igreja primitiva, a expectativa pela cura divina era alta. A igreja ocidental e mesmo as pentecostais já não vivenciam essa expectativa. Nem sempre a ausência de cura pode ser colocada no colo da soberania de Deus; deve ser colocada também na ausência de fé e na negligência da oração. É verdade que o avanço da medicina e da tecnologia permite que doenças antes terminais sejam prevenidas e curadas com remédios acessíveis. Conforme a medicina avança, o dom de cura já não é tão buscado quanto antes. Esse avanço também é graça divina — Deus é o autor da inteligência e do conhecimento, e todo dom perfeito vem do Espírito —, ainda que essa iluminação aconteça na vida de quem não conhece o poder transformador do evangelho.

O impacto dos milagres e das curas ainda pode provocar mudanças profundas, mesmo em ministérios de teólogos seduzidos pelo secularismo mais radical. Esse foi o caso de Charles Sidney Price (1887-1947). Esse teólogo nasceu na Inglaterra, mas exerceu seu ministério nos EUA. Começou o pastorado como metodista, mas depois passou para a igreja congregacional.

---

[7] Hoover, *Comentário bíblico: 1 e 2Coríntios*, p. 107.

A CURA DIVINA

Price era um teólogo abertamente liberal, com formação na Universidade de Oxford. Ele não acreditava na Bíblia como Palavra de Deus, nem cria na possibilidade de milagres. Para Price, o cristianismo era apenas uma ética. Certo dia, resolveu ir a um culto em que a pregadora Aimee McPherson estaria ministrando. Na época, McPherson ainda era vinculada à Assembleia de Deus. O intuito dele era observar o sermão e as "técnicas de manipulação" daquela pregadora pentecostal. Mas o resultado foi oposto: inicialmente, Price ficou impressionado com a qualidade do sermão de McPherson; depois, ficou convencido de que as curas realizadas naquele culto eram legítimas, e não fruto de um delírio psicológico. Daquele dia em diante, Price se tornou um evangelista pentecostal. Ele testemunhou: "Uma mensagem magistral veio dos lábios da evangelista, e minha teologia modernista foi perfurada até parecer uma peneira".[8] O pentecostalismo resgatou Price do ceticismo e lhe mostrou que não se pode resumir o cristianismo a uma ética.

Nem sempre, como já dito, a cura acontece. A morte ainda é uma realidade. Minha avó materna, Maria Janete, faleceu em decorrência de problemas de saúde. Ela serviu a Jesus durante muitos anos, e o culto fúnebre aconteceu na congregação da Assembleia de Deus que minha avó frequentava regularmente: a Congregação Monte Sinai, em alusão à montanha na qual Moisés recebeu a revelação de Deus. No culto, fui encarregado pela família de pregar um breve sermão e, naquela tarde, ressaltei a esperança da ressurreição lendo um trecho de 1Coríntios 15. Pregar sobre a ressurreição diante do corpo de uma pessoa que você ama não é fácil, mas é reconfortante e consolador. Meu coração estava cheio de esperança em meio ao

---

[8] Dunn, *Charles S. Price*, p. 65.

PNEUMATOLOGIA

choro e ao lamento de saudade. Ao sair da igreja, fomos para o cemitério, onde há uma árvore enorme, uma das mais altas que já vi na vida. Os últimos raios de sol em um céu alaranjado passavam pela árvore em um fim de tarde sem nuvens. O ambiente do cemitério é sempre pesado e triste, mas, ao observar aqueles raios de sol cortando a grande árvore, lembrei-me da ressurreição e de Apocalipse 22, que fala da Árvore da vida na Nova Jerusalém. O Espírito Santo enche nosso coração com o desejo de encontrar o Cristo ressurreto, e coloca em nosso afeto a ânsia pela restauração de todas as coisas. "O Espírito e a noiva dizem: Vem!" (Apocalipse 22:17).

11

O DOM DE PROFECIA

No CONTEXTO DOS DONS ESPIRITUAIS, o apóstolo Paulo faz uma afirmação pouco explorada em nossas teologias. Ele observa: "eu lhes afirmo que ninguém que fala pelo Espírito de Deus diz: 'Jesus seja amaldiçoado'; e ninguém pode dizer: 'Jesus é Senhor', a não ser pelo Espírito Santo" (1Coríntios 12:3). O apóstolo está dizendo que a declaração dogmática "Jesus é Senhor" só é possível pelo impulso do Espírito Santo. A experiência *do* e *com* o Espírito permite a confissão em forma de credo doutrinário. Mais do que mera declaração racional, a confissão está ligada à ação carismática do Espírito. Obviamente, o apóstolo se refere à confissão de coração que se distingue do simples formalismo: a religiosidade da confissão vazia será condenada no juízo final (cf. Mateus 7:21-23).

Assim como Lucas e alguns textos do Antigo Testamento, o apóstolo Paulo também associa o Espírito Santo à fala (elocução). O Espírito nos impulsiona ao falar — profecia, glossolalia e até mesmo declarações confessionais. O Espírito Santo nos enche para que nossa língua seja dirigida por ele. Podemos ouvir do Senhor, por meio de seu Santo Espírito, aquilo que o profeta Jeremias ouviu no início de seu chamado

PNEUMATOLOGIA

ministerial: "Agora ponho em sua boca as minhas palavras" (Jeremias 1:9).

Os dons espirituais, salvo algumas exceções, devem ser exercidos dentro das comunidades eclesiásticas, ou seja, dentro de cada igreja cristã. A profecia tem como horizonte orientador a comunidade de discípulos, a "comunidade profética". Por meio da profecia, a comunidade discerne e é discernida. Lendo atentamente os capítulos de 12 a 14 da primeira epístola de Paulo aos coríntios, fica claro que a profecia, como um dom espiritual, é para a edificação congregacional. Não é — nem deve ser — objeto de espetacularização do indivíduo.

Nos últimos anos, porém, o sagrado tem dado lugar ao sacrilégio, e o individualismo suplanta a comunhão; não há pudor, respeito ou temor pelo santo em muitos ambientes evangélicos. Nesse contexto, vemos a banalização dos dons espirituais — principalmente dos dons de falar em línguas, cura e profecia — mesmo no meio pentecostal. Quando se perde o eixo da comunhão, os dons servem ao escárnio dos egoístas.

DISCIPLINANDO A PROFECIA

Certa vez, preguei sobre o amor como regulador dos dons espirituais, com base em 1Coríntios 13. Naquele culto, havia um rapaz que ouviu minha pregação com bastante atenção, mas ele estava visivelmente nervoso. Quando acabei de falar, o jovem se levantou do banco da "mocidade" e foi até o púlpito "profetizar" minha morte iminente. Deu também uma sentença: eu moraria no inferno por pregar heresias! Em nenhum momento, graças ao bom Deus, eu me deixei levar pela falsa profecia. No dia seguinte, o pastor local pediu ao jovem "profeta" que apontasse nas Escrituras minhas "heresias". Ele se limitou a dizer: "Pergunte a Jesus". Infelizmente, aquele jovem não se retratou e

O DOM DE PROFECIA

continuou a "profetizar" outras mortes até sair daquela congregação. Hoje, quando me lembro desse fato, sinto pena do rapaz, assim como de inúmeras pessoas que creem em falsas profecias.

Mas nós podemos julgar uma profecia? Não somente podemos, mas também devemos! Não nos esqueçamos de que é obrigação cristã analisar todas as profecias. O apóstolo Paulo escreveu: "Tratando-se de profetas, falem dois ou três, e os outros julguem" (1Coríntios 14:29). Julgar, aqui, tem o sentido de separar o que vem de Deus e o que não vem. O apóstolo João fala que devemos "provar os espíritos": "Amados, não creiam em qualquer espírito, mas examinem os espíritos para ver se eles procedem de Deus, porque muitos falsos profetas têm saído pelo mundo" (1João 4:1). Nesses dois textos, vemos nitidamente um mandamento.

Não podemos desprezar as profecias, mas isso não nos impede de examinar aquilo que ouvimos. Muitas vezes, equivocadamente, diz-se que é errado analisar (provar, julgar etc.) uma profecia. O erro consiste justamente em deixar de fazer tal análise. Paulo ainda diz: "Não apaguem o Espírito. Não tratem com desprezo as profecias, mas ponham à prova todas as coisas e fiquem com o que é bom" (1Tessalonicenses 5:19-21). O contexto dessa advertência paulina é o exercício dos dons. Veja que, mesmo quando Paulo alerta sobre o "não desprezar", lembra-nos da necessidade de examinar. Ou seja, uma prática não dispensa a outra. Não é uma escolha entre ceticismo cínico ou credulidade ingênua, mas pelo discernimento sábio. Portanto, receba toda profecia com respeito; nunca deixe de analisá-la, e despreze a falsa profecia.

E qual o critério para verificar uma profecia? A Palavra de Deus! Diante de uma profecia (ou de qualquer outra palavra dita em nome de Deus), devemos perguntar: Isso condiz com as Sagradas Escrituras? O critério, repito, é a Palavra de Deus.

PNEUMATOLOGIA

Não se trata de uma "sensação", de um "arrepio" ou de qualquer manifestação do sistema sensorial. Também não é porque você "vai com a cara" do profeta que a profecia provém de Deus (e o contrário também é verdadeiro).

De forma geral, podemos listar alguns tipos de profecia que não encontram base bíblica:

1. *Profecias de casamento.* Profecia não é horóscopo nem serve para determinar decisões que devem ser tomadas segundo os critérios de sabedoria e discernimento. Esse princípio serve para outras decisões, como, por exemplo, abertura de um negócio, mudança de casa, viagem de férias, geralmente terceirizadas a profetas.

2. *Profecias de morte.* O apóstolo Paulo mostra que a profecia tem triplo objetivo: "Mas quem profetiza o faz para a edificação, encorajamento e consolação dos homens" (1Coríntios 14:3). Em que uma profecia de morte "edifica, encoraja ou consola" o ouvinte?

3. *Profecias de vontade própria.* O pregador que manda a igreja profetizar certamente nunca entendeu a profecia. A profecia não é fruto de vontade própria. Ela deve ser pronunciada quando recebida, mas nunca sob coerção ou incentivo. Quem envia a profecia é o Espírito de Deus. Além disso, é um completo absurdo marcar hora para profecias em cultos temáticos ou programas midiáticos.

4. *Profecias com meias-verdades.* Essas são as mais perigosas. Já diz o provérbio que "meia-verdade é sempre uma mentira inteira". Muitas vezes Deus até deu a profecia para uma pessoa, mas, em sua empolgação, o portador do dom acaba exagerando na mensagem a ser transmitida (cf. 1Crônicas 7:1-4). É bom lembrar que Deus impulsiona a mensagem, mas não cada palavra a ser dita. Em 2Samuel 12, por exemplo, o

profeta Natã usa uma parábola para complementar a mensagem da profecia, e suas palavras parabólicas estavam em consonância com a mensagem enviada por Deus. Quem é usado em profecia deve tomar o cuidado de não se empolgar demais no complemento ou mesmo no detalhamento da mensagem, uma vez que profecia não é psicografia, respeitando a individualidade, a cultura, o vocabulário e o contexto do cristão que foi usado para transmiti-la.

Sejamos, portanto, cautelosos com a profecia, pois uma falsa palavra transmitida causa inúmeros prejuízos para a igreja local.

O AMBIENTE DA PROFECIA

É espantoso observar a atuação de inúmeros "profetas" em programas de rádio, *lives* em redes sociais, na televisão e nos montes, onde os gravetos pegam fogo! Por que ouvir profecias nesses lugares? Por não provir da vontade humana, não deve ser buscada como fazem os espiritualistas que correm atrás de videntes. Os pentecostais estão se assemelhando a seres atordoados, que amam adivinhar o futuro? Isso é perigoso e mostra extrema imaturidade espiritual. Profecia é para o ambiente congregacional, para a edificação, o encorajamento e a consolação daqueles que se reúnem para cultuar a Deus. É claro que podem existir exceções, mas o lugar *primário* da profecia é a igreja reunida. Os "profetas" de rádio, redes sociais e montes, ou aqueles que fazem até turnê de profecias pelas casas dos irmãos, são amigos da confusão e da falsidade. Esses "profetas" sempre falam fora da igreja e raramente aparecem com o mesmo fervor dentro da congregação.

Certa vez, vi um vídeo em que um deputado evangélico profetizava a cura de uma deputada cadeirante em plena tribuna do Congresso Nacional. Quem é aluno de escola dominical sabe, desde os tempos remotos, que isso é inadequado. O episódio apenas serviu para chacota da igreja, pois a deputada continuou com as mesmas limitações físicas de antes. Os dons espirituais, quando exercidos dentro da congregação, podem ser disciplinados, ou seja, podem ser objeto de discipulado. O pioneiro pentecostal Lewi Pethrus criticava com veemência aqueles que gostavam de manifestar dons em grupos de oração alheios à congregação, por temerem a avaliação do corpo ministerial. Dizia Pethrus que, quando usamos os dons na congregação, temos a oportunidade de sermos instruídos e de crescermos com a ajuda mútua do corpo de Cristo.[1] Donald Gee, o maior teólogo pentecostal da primeira metade do século 20, escreveu que "os dons não são expressos 'na cozinha da irmã Maria', mas na igreja. [...] A garantia da profecia na igreja é o fato de podermos examinar uns aos outros".[2] O exercício dos dons espirituais é, especialmente, uma atividade litúrgica e congregacional.

Conheci uma irmã que sempre tinha uma profecia nas reuniões de oração. Acontecia praticamente em todas as reuniões que ela dirigia. Porém, nos cultos convencionais, ou quando o pastor estava presente nas reuniões, a irmã não manifestava dom algum. É necessário tomar cuidado com os profetas que temem a avaliação do corpo de ministros. O que escondem? Por que manifestam suas profecias apenas fora da igreja? Muitos desses "profetas" não querem submeter -se à avaliação da liderança local. O profeta não pode esquecer que ele faz parte de uma comunidade de profetas.

---

[1] Pethrus, *O vento sopra onde quer*, p. 87.
[2] Gee, *Como receber o batismo com o Espírito Santo*, p. 76.

EXAGEROS NAS MANIFESTAÇÕES FÍSICAS

A tradição pentecostal está cheia de histórias de manifestações físico-emocionais em seus cultos. O livro *Diário do pioneiro*,[3] que relata a trajetória do missionário Gunnar Vingren, descreve que o fundador das Assembleias de Deus no Brasil experimentou um riso espontâneo no momento de uma oração congregacional. Na minha própria experiência, fiquei com o braço levantado em posição de louvor por mais de 25 minutos, sem nenhum sinal de cansaço. Essas experiências ultrapassam qualquer explicação natural e fortalecem a fé de quem as teve. Mas, diferente de alguns setores do neopentecostalismo, o pentecostalismo clássico entende que essas vivências, por mais impactantes que sejam, não podem ser reproduzidas e ensinadas como obrigatórias a todos, nem devem virar modismo no meio cristão. Gunnar Vingren nunca ensinou a necessidade de uma "unção do riso" ou algo desse tipo. Somente os carismas bíblicos (batismo no Espírito Santo e dons espirituais) são normativos para as igrejas de todos os séculos, mas — repito — nunca as particularidades espirituais de cada um.

É verdade que Deus se comunica com a nossa razão. Deus nos convida a compreender, ponderar, julgar, avaliar. O Senhor diz a Israel: "Venham, vamos refletir juntos" (Isaías 1:18). Tudo isso envolve raciocínio com base em dados e fatos. Não é à toa que Deus revelou o essencial para nossa salvação por meio de um livro: as Sagradas Escrituras. Cabe lembrar, porém, que a verdade não é um mero conceito abstrato: a verdade é também uma pessoa, a saber, Jesus Cristo, que disse: "Eu sou a verdade" (João 14:6). Não nos relacionamos com uma pessoa apenas com base em proposições racionais. O relacionamento pessoal

---

[3] Vingren, *Diário do pioneiro*, p. 73.

envolve emoção, subjetividade e interioridade. O ser humano é racional, mas também é emocional. As emoções e a subjetividade são parte importante da constituição humana e da comunicação do indivíduo consigo, com Deus e com o mundo ao seu redor.

Portanto, conclui-se que muitas atividades em cultos pentecostais e carismáticos são frutos de um estado emocional. As emoções envolvem um turbilhão de sentimentos (alegria, euforia, tristeza etc.). Sabemos que Deus comunica graça, e nossas emoções, tocadas pelo Espírito Santo, podem provocar reações físicas não convencionais.

Vale lembrar que nem toda reação físico-emocional deriva diretamente do toque do Espírito Santo. A emoção pode ser apenas fruto do ambiente, sobretudo das músicas, que despertam sentimentos. A emoção também pode ser provocada pela manipulação de pregadores inescrupulosos ou de um estado de histeria coletiva. Há que considerar ainda a personalidade do indivíduo. Muitas pessoas nascem com maior propensão à emotividade do que a média, e tudo o que fazem acaba envolvido em certo exagero.

Embora Deus use nossas emoções, sempre é importante lembrar que a emoção aflorada não pode ser confundida com uma espiritualidade sadia. Sempre é possível chorar ou pular com bastante entusiasmo, e, ao mesmo tempo, cultivar pecados não arrependidos. Da mesma forma, nossas emoções não podem atrapalhar o culto, conforme ensina 1Coríntios 14. O culto deve edificar toda a congregação, e não apenas uma ou duas pessoas. Quem se deixa guiar pelo lado emocional sem se importar com a edificação coletiva do povo de Deus age como uma criança egoísta, que se considera o centro das atenções. O culto congregacional é de toda a congregação, e não apenas do irmão mais emocional. Paulo adverte aqueles que centralizam o culto em torno de si com as seguintes perguntas: "Porventura, saiu dentre vós a palavra de Deus? Ou veio ela somente para vós?" (1Coríntios 14:36, ARC).

Em 1920, Gunnar Vingren visitou alguns crentes pentecostais na cidade de Criciúma, SC. Para a surpresa do missionário, esse grupo fazia um culto muito estranho, sob a liderança de um homem que se autointitulava profeta. Eles criaram uma espécie de "dança espiritual", na qual todos se deitavam e formavam um círculo para o início das orações. Ao ver isso, Vingren os exortou dizendo que aquele tipo de culto não encontrava apoio no Novo Testamento.[4] O "profeta", porém, era incorrigível, a ponto de expulsar de lá o missionário. Infelizmente, o fenômeno da imaturidade no meio pentecostal não é nada novo e ainda deve provocar muita dor de cabeça nos crentes maduros.

As expressões "Eu libero uma palavra profética" ou "Profetize para o seu irmão agora" nunca deveriam estar na boca de um verdadeiro pentecostal. Todo pentecostal deveria saber que a profecia não é fruto da nossa vontade, do nosso desejo; é uma palavra impulsionada por Deus no ambiente de culto, e apenas quando o Espírito Santo soberanamente determina. Diz a Palavra: "A cada um, porém, é dada a manifestação do Espírito, visando ao bem comum. [...] Todas essas coisas, porém, são realizadas pelo mesmo e único Espírito, e ele as distribui individualmente, a cada um, conforme quer". (1Coríntios 12:7,11). Portanto, determinar que toda a congregação profetize é antibíblico, pois ninguém pode profetizar na hora que bem quiser. Quem usa esse tipo de linguajar já "neopentecostalizou" seu pentecostalismo.

---

[4] Ibidem, p. 116.

12

A PROFECIA E A TEOLOGIA DA PROSPERIDADE

"EU SOU UM PROFETA DO SENHOR e digo a você: oferte em meu ministério e Deus vai devolver cem vezes mais em sua vida ainda nesta semana." Esse tipo de discurso é comum em programas de rádio e pregações de igrejas que adotam a chamada teologia da prosperidade. A base desse discurso é o texto de 2Crônicas 20:20: "Escutem-me, Judá e povo de Jerusalém! Tenham fé no SENHOR, o seu Deus, e vocês serão sustentados; tenham fé nos profetas do Senhor, e terão a vitória".

Muitos creem que tais "profetas" devem ser tratados com credulidade e confiança cega. Creia nos pedidos e nas palavras exóticas do profeta, e tudo sairá conforme o esperado. Mas é isso que o texto bíblico ensina? Devemos acreditar nos "profetas da prosperidade"?

DEFININDO TEOLOGIA DA PROSPERIDADE

Antes, é necessário definir a chamada teologia da prosperidade. É um movimento surgido nas primeiras décadas do

A PROFECIA E A TEOLOGIA DA PROSPERIDADE

século 20, nos Estados Unidos, entre os pioneiros pentecostais. A partir da interpretação equivocada de alguns textos bíblicos, como Gênesis 17:7, Marcos 11:23,24 e Lucas 11:9,10, essa doutrina afirma que os que são verdadeiramente fiéis a Deus devem desfrutar uma excelente situação financeira, familiar, de saúde etc.[1] É também conhecida como Confissão Positiva ou Movimento da Fé. Sua versão mais leve é chamada de Triunfalismo.

O fundador da teologia da prosperidade foi o metodista Essek William Kenyon (1867-1948). Kenyon foi influenciado pelas ideias de Mary Baker Eddy (1821-1910), fundadora da seita Ciência Cristã. A seita ensinava que a matéria não existia e que a doença e o pecado podiam ser curados com "pensamentos positivos".

O grande profeta da teologia da prosperidade foi o pastor americano Kenneth Hagin (1917-2003). Aos 16 anos, muito doente, Hagin disse que visitou o céu e o inferno três vezes quando se converteu a Jesus Cristo. Além disso, o próprio Cristo, em pessoa, relevou a ele novas verdades sobre a fé. Essas novas verdades ficaram conhecidas como "Fórmula da Fé", ensinadas no livro *O nome de Jesus*. A fórmula diz: "Creia no seu coração, decrete com a boca e será seu (tome posse)". A expressão "Eu determino" é comum nas orações neopentecostais.

Entre os principais equívocos dessa teologia, podemos destacar:

1. Privilegia a fé para *ter* em detrimento da fé para *viver*.
2. A "fé" gera ansiedade pelo ter.

---

[1] Para uma análise hermenêutica da teologia da prosperidade, veja Siqueira, *O Espírito e a Palavra*, p. 121-7.

111

3. Coloca todo o peso da realização humana e dos milagres divinos nas palavras pronunciadas pelo crente e no "pensamento positivo".

4. Obriga Deus a fazer nossa vontade, com base na ideia de que a fé é um poder que utilizamos com o fim de influenciá-lo. É a crença pagã na manipulação mágica da divindade.

5. Enfatiza demasiadamente o ter, incentivando o materialismo. Reduz a perspectiva ética da prosperidade à mesquinhez das coisas terrenas.

6. Associa o sucesso financeiro à espiritualidade.

7. Ensina que o cristão está isento de derrota.

VOLTANDO AO TEXTO BÍBLICO

O texto de 2Crônicas 20 conta a história de um rei que sentiu a força do medo. Todos sentimos receios diante das ameaças da vida. Quando exércitos poderosos cercaram Israel, o rei Josafá recebeu a notícia em estado de completo pavor (v. 1-4). Josafá, corretamente, reuniu o povo e fez uma oração de clamor a Deus (v. 5-12). O Senhor, então, levantou o profeta Jaaziel para aliviar o medo que tomava conta do rei e do povo (v. 13-17). Diante da profecia de Jaaziel, que desfazia todo o assalto do medo, houve grande louvor na congregação de Judá (v. 18-19) e, na sequência, o rei Josafá encorajou o povo a confiar na promessa de Deus. Justamente nesse momento, o rei exortou o povo a crer no Senhor e nos profetas e, dizem as traduções,

- "prosperareis" (ARC, ARA);
- "terão a vitória" (NVI);
- "tudo o que vocês fizerem dará certo" (NTLH);
- "sereis bem-sucedidos" (NAA, BJ, TB, A21);

- "tudo sairá bem" (NBV);[2]
- "vocês serão estabelecidos".[3]

Judá precisava confiar na palavra de Deus, e consequentemente a batalha acabaria bem, conforme a soberana vontade do Senhor. De fato, foi isso que ocorreu nesse episódio. Eles creram e venceram os inimigos cantando louvores (v. 21-24), de modo que o medo inicial se converteu em júbilo, e o pavor, que antes enchia o coração do rei, agora era sentimento de tormento entre os próprios inimigos (v. 25-30).

É tentador imaginar que, hoje, devemos abraçar tudo o que é dito pelos "profetas" que aparecem em nossas congregações. Esse texto parece ensinar que basta confiar na "palavra profética" de um pregador ou de um pastor e seremos prósperos. Os "mestres" da confissão positiva estão certos? Vejamos:

1. *A autoridade dos profetas do Antigo Testamento foi substituída pela autoridade apostólica.* Não é possível ensinar que o ofício de profeta-pregador contemporâneo tem a mesma autoridade do profeta veterotestamentário. O ministério profético do qual Jaaziel fez parte não existe mais. A partir de Cristo, tudo foi ressignificado. É um novo pacto, um novo povo escolhido, uma nova lei e um novo ministério profético. Tudo muda, mesmo que pareça igual; tudo parece igual, embora mude profundamente. O equivalente em autoridade no Novo Testamento ao profeta veterotestamentário não é o

---

[2] "Os dois verbos estão, de fato, baseados na mesma palavra hebraica, sendo conectados por uma relação de causa e efeito. 'Acreditar/crer' na realidade significa 'exercer confiança firme', de forma que a pessoa que acredita/crê fica firme ou segura" (Selman, *1 e 2 Crônicas*, p. 343).

[3] Jacob M. Myers, *II Chronicles: introduction, translation and notes*, Anchor Yale Bible (New Haven: Yale University, 1965) vol. 13, p. 113.

pastor/presbítero/bispo, nem aquele que tem o dom de profecia, mas, sim, e tão somente o colégio apostólico, ou seja, os Doze apóstolos. A fé cristã construiu uma casa doutrinária sobre o fundamento apostólico (Atos 2:42). O alicerce doutrinário da igreja primitiva não estava sob quem exercia o dom de profecia em Corinto ou Éfeso, por exemplo, mas nos apóstolos da Nova Aliança.

2. *Nenhuma pessoa, mesmo que exerça o dom de profecia, pode reivindicar autoridade infalível de palavra, como se esta fosse do próprio Deus.* A Bíblia ensina a julgar as profecias (1Coríntios 14:29). Logo, se posso julgar uma profecia, isso a coloca em um patamar de análise e risco. Quem profetiza hoje está em julgamento da profecia maior: a Palavra de Deus revelada e escrita. Na história de Josafá, a palavra de Jaaziel era a própria palavra de Deus; o dom de profecia contemporâneo, porém, não admite tamanha pretensão. Embora o dom de profecia seja impulsionado pelo Espírito Santo, a escolha das palavras e a forma de colocá-las serão, em todo caso, uma deliberação do portador do dom, e em hipótese alguma servirá como autoridade doutrinária, moral ou ética, nem deve parametrizar tradições e costumes. Em outras palavras, a profecia contemporânea é uma forma sobrenatural de reafirmar verdades já escritas e aplicá-las a contextos específicos, visando à edificação e à consolação da comunidade cristã. É outra forma de o Espírito Santo lembrar as palavras de Cristo à igreja.

3. *O Novo Testamento estabelece novas formas de profecia.* A profecia veterotestamentária acabou em João Batista (cf. Mateus 11:13). O Novo Testamento conhece duas classes de "profetas": o dom e o ofício. O dom de profecia visa à edificação da igreja, e pode ser concedido a qualquer membro do corpo de Cristo. Em Atos 21:9, é dito que as filhas de Filipe

A PROFECIA E A TEOLOGIA DA PROSPERIDADE

profetizavam. Elas não eram oficiais da igreja, mas, ainda assim, exerciam o dom de profecia. Isso mostra como o dom de profecia no Novo Testamento não tinha pretensão de ser autoridade escriturística ou doutrinária. O ofício de profeta, por sua vez, trata de alguém usado na exposição das Escrituras sob impulso do Espírito para o aperfeiçoamento dos santos (Efésios 4:1-16). O profeta neotestamentário se destaca entre outros oficiais da igreja: apóstolos-missionários, evangelistas e pastores-mestres (v. 11).

Portanto, fica claro que, hoje, ninguém pode reivindicar a mesma autoridade de Jaaziel. A base do cristão não está na palavra de qualquer um que reivindica autoridade profética, mas apenas na Palavra de Deus relevada. É a obediência aos princípios das Sagradas Escrituras que tornará plano, próspero e bem-sucedido o caminho do cristão. E isso nenhuma relação com finanças, mas, sim ,com paz de espírito. "Assim o reinado de Josafá continuou tranquilo, pois Deus lhe deu paz com todas as nações vizinhas" (2Crônicas 20:30, NTLH). A tranquilidade de sua alma está em crer na Palavra de Deus.

É necessário o máximo de cuidado com aqueles que usam "profecias" para exercer manipulação, coerção, ameaças e falsas promessas. Em 1978, o líder sectário americano Jim Jones levou 918 pessoas ao suicídio em Jonestown, Guiana. Esse episódio ficou marcado como o maior suicídio coletivo da história. O "profeta" Jones era desequilibrado, psicopata e megalomaníaco, mas conseguiu convencer centenas de pessoas a segui-lo da Califórnia, nos Estados Unidos, até um local afastado, na densa floresta amazônica da América do Sul. A história de Jones nos ensina algumas características marcantes de qualquer falso profeta: paternalismo, mania de perseguição, mania de grandeza, soberba, paranoia, exclusivismo (o único detentor

PNEUMATOLOGIA

da verdade), exigência de lealdade total e postura inquestionável. Infelizmente, como Jesus já havia previsto, vários Jim Jones ainda aparecerão. Acautelai-vos dos falsos profetas!

O QUE É A PROSPERIDADE BÍBLICA?

Nas Escrituras, o conceito de prosperidade é amplo. No lado positivo, envolve realizar projetos (Gênesis 24:21;40,42,56); ter sucesso no trabalho (Gênesis 39:3,23; 2Crônicas 32:30); viver em paz e segurança (Deuteronômio 23:6; 1Crônicas 14:7); desfrutar as relações familiares (Rute 4:11; Jó 1:1-5); e também contar com abundância de bens materiais (Deuteronômio 28:11; 1Reis 10:7; 1Crônicas 29:23). A própria sabedoria e a qualidade moral estão ligadas à prosperidade (Jó 1:1-3; 1Reis 3:10-13; 2Crônicas 1:11,12). O conceito de prosperidade lembra o próprio conceito de paz (hebr., *šālôm*). Por outro lado, a Bíblia também adverte quanto ao fato de a prosperidade, especialmente aquela associada ao acúmulo de bens, representar um empecilho à espiritualidade saudável, pois tende a promover soberba, autossuficiência e comodismo (Mateus 6:24; 19:23-26; Lucas 12:13-21; 18:18-30; 1Timóteo 6:8-10 e Apocalipse 3:17).[4]

No Antigo Testamento, a prosperidade dos ímpios e o insucesso dos justos constituem motivo de inquietação, especialmente nos profetas e na literatura poética (p. ex., no livro de Jó; nos Salmos 73 e 74, e em Jeremias 12). A Escritura mostra que a ligação entre prosperidade e qualidade moral é relativa: Nabal, homem muito rico, era também perverso, grosseiro, mesquinho e malcomportado (1Samuel 25:1-38). O relato de reis maus e prósperos (como o rei de Tiro em Ezequiel 28) salienta

---

[4] Orr, *The international standard Bible encyclopedia*, p. 732.

que o julgamento destes e da casa de Israel também considera o pecado de acúmulo exagerado e avarento de riquezas (Amós 5 e 6).

Para Jesus, a prosperidade plena é apenas possível na vivência do reino de Deus, como se lê em Mateus 6:19-21:

> Não acumulem para vocês tesouros na terra, onde a traça e a ferrugem destroem, e onde os ladrões arrombam e furtam. Mas acumulem para vocês tesouros nos céus, onde a traça e a ferrugem não destroem, e onde os ladrões não arrombam nem furtam. Pois onde estiver o seu tesouro, aí também estará o seu coração.

Quem já tem o coração no reino, desfrutando a alegria do Espírito, a justiça e a paz que vêm do Senhor (Romanos 14:17), pode acumular bens sem fazer deles um fim em si mesmos. O coração do súdito trabalha em prol do serviço ao outro. O servo de Deus não é servo do dinheiro, mas mordomo e auxiliador dos desvalidos (Atos 20:35). A verdadeira prosperidade é, portanto, fazer a vontade de Deus na terra como reflexo dos valores do céu (Mateus 6:10).

13

O FALAR EM LÍNGUAS

O FALAR EM LÍNGUAS É O DOM mais controverso da espiritualidade pentecostal. Aparentemente, como na igreja de Corinto, existe uma supervalorização do dom de línguas no meio pentecostal contemporâneo. É fácil entender o porquê: as línguas funcionam como uma espécie de sacramento: são o sinal visível da presença invisível do Espírito Santo. Nas viagens que faço pelo Brasil, ouço inúmeras dúvidas sobre a prática e a teologia do dom de línguas — e, pela quantidade de perguntas, a glossolalia gera até mesmo inquietações existenciais. Historicamente, o falar em línguas também tornou-se parte da identidade pentecostal, uma "marca comunal". Como todo marcador comunitário, o falar em línguas pode gerar jactância e competitividade, algo que Paulo conhecia bem na comunidade coríntia. Diante desses riscos, temos de entender o fenômeno à luz das Escrituras.

O FALAR EM LÍNGUAS É SINAL OU DOM?

A teologia pentecostal clássica costuma diferenciar a glossolalia como um sinal e um dom. Essa diferença não é de essência, mas de intensidade e propósito. Na qualidade de sinal visível,

O FALAR EM LÍNGUAS

todos os batizados o manifestam, potencial e usualmente, no momento em que são revestidos de poder, mas esse falar em línguas é marcado pela transitoriedade e pela brevidade do discurso — sua importância se deve mais à manifestação da glossolalia do que ao conteúdo proclamado. O sinal, vale lembrar, não é mais importante que a realidade apontada, a saber, a evangelização de todas as nações.

Como dom, apenas alguns recebem a dádiva de falar variadas línguas. Por esse motivo, o apóstolo Paulo faz uma pergunta retórica, à espera de uma resposta negativa, em relação ao fato de todos os crentes terem o dom de variedade de línguas: "Têm todos dons de curar? Falam todos em línguas? Todos interpretam?" (1Coríntios 12:30). O teólogo pentecostal Stanley M. Horton lembra que a pergunta paulina "Falam todos em línguas?" está no tempo presente contínuo no grego, de modo que a frase poderia ser traduzida por "Todos continuam falando em línguas?". Isso implica que "nem todos terão um ministério contínuo na assembleia local de falar em línguas".[1] Em geral, o sinal é um louvor, ou seja, uma proclamação para Deus, enquanto o dom de variedade de línguas equivale, de forma geral, a uma profecia, tratando-se, portanto, de uma mensagem propositiva à assembleia (cf. Atos 2:11; cp. com 1Coríntios 14:2,5). Essa diferenciação, embora importante e didática, é uma inferência da sistematização teológica. O texto bíblico não faz uma divisão explícita.

É possível dizer que o dom de línguas tem relação especial com o próprio batismo no Espírito Santo, diferente dos outros dons, que em nada dependem dessa experiência. O apóstolo Paulo indica que a língua é um "sinal para os descrentes"

[1] Horton, *1 e 2Coríntios*, p. 123.

PNEUMATOLOGIA

(1Coríntios 14:21-22), e o batismo no Espírito Santo é um revestimento de poder para testemunhar àqueles que não se converteram (Atos 1:8; 2:1-47). Não é à toa que o falar em línguas está presente nos episódios de batismo do Espírito Santo (Atos 2:1-13; 8:4-25; 9:24-48; 19:1-6).

A APARENTE CONTROVÉRSIA ENTRE OS ESCRITOS DE PAULO E LUCAS

Aparentemente, as formas como Lucas e Paulo registram o falar em línguas apresentam algumas diferenças. A glossolalia é um fenômeno único, mas com propósitos múltiplos.

Em Lucas, a linguagem espiritual está associada ao propósito missionário da igreja. Em Atos 2:4-11, o fenômeno das línguas refere-se a uma linguagem e a um discurso totalmente compreensíveis aos ouvintes. No Pentecoste, acontece a chamada *xenolalia*, ou seja, o falar em idiomas humanos desconhecidos ao falante, mas conhecidos e inteligíveis a outras pessoas. Como escreveu o biblicista John Mackenzie:

> O discurso dos apóstolos compreensível aos povos estrangeiros é a mensagem da igreja à todas as nações. É o Espírito que capacita a igreja a tornar sua mensagem compreensível a todas as nações. A igreja rompe com as barreiras geográficas e linguísticas do judaísmo.[2]

Quanto aos textos paulinos, há controvérsias entre os exegetas em relação a Paulo mencionar o falar em línguas apenas em 1Coríntios. Muitos entendem que a expressão "gemidos

[2] Mackenzie, *Dicionário bíblico*, p. 503.

O FALAR EM LÍNGUAS

inexprimíveis" de Romanos 8:26 se refere à glossolalia.[3] Alguns estudiosos admitem a possibilidade, como era o caso do biblicista F. F. Bruce,[4] e atualmente do anglicano N. T. Wright.[5] Outros textos significativos sobre glossolalia, além de 1Coríntios, seriam Efésios 5:19 e Colossenses 3:16, que trazem a expressão "cânticos espirituais". Autores cessacionistas interpretam essa expressão como sinônimo dos salmos judaicos (Joel Beeke) ou de músicas que testemunham a salvação (John MacArthur). A escolha dos cessacionistas é criativa, mas pouco crível. Diferente do que pensam esses autores, Paulo está falando de uma experiência carismática. Todas as vezes que o apóstolo usa o adjetivo grego *pneumatikos* ("espiritual") em contexto litúrgico, refere-se aos dons do Espírito (cf. Romanos 1:11; 1Coríntios 12:1; 14:1,37). Além disso, diversos textos do Antigo Testamento associam o fenômeno da profecia à música (cf. 1Crônicas 25:1-6; 2Crônicas 29:25,30; 2Samuel 23:1,2). Asafe, o conhecido salmista hebreu, também era "vidente", ou seja, um profeta que tinha visões (2Crônicas 29:30). Seguindo a tradição judaica, o próprio apóstolo Paulo associa o falar em línguas, que é uma espécie de elocução profética, à música (1Coríntios 14:15). Os cânticos espontâneos não são uma inovação do pentecostalismo, mas uma tradição bíblica sólida. O teólogo patrístico João Crisóstomo (347-407 d.C.) descreveu algo semelhante em um culto de sua época: "O profeta fala e todos nós respondemos a ele. Todos nós fazemos eco às suas palavras. Formamos juntos um só coro. Nisso, a terra imita os céus. Essa é a nobreza da igreja". O biblicista Larry Hurtado, teólogo anglicano, em sua

---

[3] Entre os que defendem essa leitura, estão nomes de prestígio como Frédéric Louis Godet (1812-1900) e Ernst Käsemann (1906-1998). Palma, "1 Coríntios", p. 1045.

[4] Bruce, *Romans*, p. 175.

[5] *Premier unbelievable?*, 2020.

magistral obra *Senhor Jesus Cristo*, diz que os cânticos cristológicos dos primeiros cristãos não surgiram com músicos profissionais, mas nasceram na "força dos oráculos proféticos".[6]

A QUESTÃO DA "LÍNGUA DOS ANJOS"

Diferente de Lucas, Paulo fala em "língua dos anjos": "Se eu falar as línguas dos homens e dos anjos, e não tiver caridade, tenho-me tornado como o bronze que soa, ou como o címbalo que retine" (1Coríntios 13:1, TB). O que isso quer dizer? A glossolalia bíblica é apenas uma linguagem humana? Exegeticamente, essa é uma questão difícil. A questão que nasce é: no fenômeno das línguas, haveria algum idioma além da linguagem humana? Algum idioma angélico ou celestial? Ao contrário do que muitos pensam, não há consenso entre os intérpretes pentecostais sobre esse assunto, embora a tendência da maioria seja aceitar a existência de uma linguagem além da humana no fenômeno da glossolalia. Ou seja, a glossolalia não é apenas xenolalia. Nesse sentido, a teologia glossolálica paulina é mais ampla do que a teologia glossolálica lucana. Outros, entretanto, interpretam o texto como uma figura de linguagem em que Paulo apenas indicava "a alta consideração dos coríntios para com as línguas".[7]

O conceito "língua dos anjos" é uma questão complexa. Vejamos alguns motivos:

1. Há uma única referência bíblica direta sobre o assunto;
2. Há diversas referências à "língua dos anjos" na literatura judaica antiga;

---

[6] Hurtado, *Senhor Jesus Cristo*, p. 114.
[7] Ibidem, p. 124.

O FALAR EM LÍNGUAS

3. Entre os judeus do século 1, havia debate sobre qual seria a língua falada no céu. Um grupo afirmava o hebraico como a língua celestial, enquanto outros rabinos defendiam a ideia de uma "língua indecifrável e inacessível" ao homem.[8] A igreja coríntia era composta por judeus e gentios, e não é possível saber se a composição dos gentios na igreja coríntia tinha acesso a essa tradição, nem se a parte judaica da igreja teve acesso a alguma fonte tardia;

4. Gramaticalmente, a expressão paulina é uma hipérbole, e não há dúvida quanto a isso. A hipérbole, porém, seria sobre a língua dos anjos como oposição exagerada ao amor, ou sobre a possibilidade de dominarem todos os tipos de linguagem (O que também denotaria um exagero? A resposta a essa pergunta muda totalmente o sentido da interpretação).[9]

Embora não seja possível saber com certeza se os judeus e os gentios coríntios tinham acesso às tradições judaicas das línguas angelicais, como Paulo introduz esse conceito, permite-nos especular positivamente. Além disso, o conceito de uma língua angelical é amplamente cultivado durante o Judaísmo do Segundo Templo, especialmente em um período próximo à igreja primitiva, entre a seita judaica de Qumran e em outras literaturas, tais como Testamento de Jó (caps. 48—50); Livro de Enoque etíope (cap. 40); Apocalipse de Sofonias; Ascensão de

---

[8] Havia também um debate sobre a linguagem dos anjos: "[Os judeus] tinham duas opiniões sobre as línguas angélicas: (a) que os anjos entendiam apenas hebraico, exceto Miguel, que entendia todas as línguas da humanidade; (b) que os anjos tinham uma ou mais línguas celestiais, diferentes das línguas humanas em alcance e beleza" (Orr; Walther, *I Corinthians*, p. 291).

[9] Entre os intérpretes que entendem a fala de Paulo como hipérbole irônica, estão Fitzmyer (*First Corinthians*, p. 492); Thiselton (*The First Epistle to the Corinthians*, p. 1033); Keener (*1-2Corinthians*, p. 108).

PNEUMATOLOGIA

Isaías (cap. 7:15-37); Apocalipse de Abraão; Gênesis Rabbah e o Livro copta da ressurreição de Jesus Cristo, atribuído ao apóstolo Bartolomeu. O teólogo pentecostal John C. Poirier, especialista em judaísmo, escreveu um livro detalhado apenas sobre essa questão. Na obra *The tongues of angels* [As línguas dos anjos], ele mostra o abundante debate entre judeus sobre a linguagem celestial, e como esse embate se desenvolveu nos cinco primeiros séculos da era cristã.[10] A mais significativa dessas referências é, sem dúvida, o Testamento de Jó, que afirma que as filhas de Jó falavam idiomas angelicais. A tradição rabínica também menciona o rabino Yochanan ben Zakkai, um "homem piedoso que podia compreender a língua dos anjos".[11]

Todavia, a tradição mais abundante sobre essa relação angelical com a liturgia estava em Qumran. Essa comunidade tinha verdadeira obsessão pelo assunto. O ideal litúrgico de Qumran consistia em uma adoração que contava com a participação celestial. "Em um documento do Qumran, diferentes anjos aparentemente lideravam a adoração celestial por sábados sucessivos em diferentes idiomas", informa Craig S. Keener.[12] Nos Cânticos do sacrifício do sábado, conforme escreveu Jonas Machado,

> as "línguas de conhecimento" são línguas dos anjos em louvor a Deus que [...] são comparadas com a linguagem humana descrita como "nossa língua no pó". Se for correto pensar em "língua" aqui como idioma, então teríamos um raro testemunho de *glossolalia* angelical num texto palestino no primeiro século fora do Novo Testamento (grifo na citação).[13]

---

[10] Poirier, *The tongues of angels*, p. 47.
[11] Palma, "1 Coríntios", p. 1021.
[12] Keener, *Acts*.
[13] Jonas Machado, "Paulo, o visionário: visões e revelações extáticas como paradigmas da religião paulina", cit. em Nogueira, *Religião de visionários*, p. 186-7.

O FALAR EM LÍNGUAS

Outro ponto interessante para compreender a linguagem angelical é a passagem de Apocalipse 14:2,3, em que está escrito:

> Ouvi um som do céu como o de muitas águas e de um forte trovão. Era como o de harpistas tocando suas harpas. Eles cantavam um cântico novo diante do trono, dos quatro seres viventes e dos anciãos. *Ninguém podia aprender o cântico*, a não ser os cento e quarenta e quatro mil que haviam sido comprados da terra (NVI, grifo na citação).

Esse cântico celestial é a expressão da "mais sublime adoração no céu",[14] enfatizando ainda mais a ideia de uma comunicação celestial além da humana, incompreensível em um primeiro momento.

Do ponto de vista de uma teologia bíblica mais ampla do Novo Testamento, é possível afirmar que o "falar em línguas" é uma linguagem não aprendida e possibilitada pelo Espírito Santo, podendo ser humana ou celestial (ou angelical). A capacidade de falar em linguagem angélica é consoante com a teologia litúrgica de Paulo, marcada pela "escatologia inaugurada".[15] Paulo presume que o culto cristão conta com a presença de anjos (1Coríntios 11:10). A liturgia é, portanto, uma espécie de conexão entre céu e terra, como vemos acontecer o tempo todo no Apocalipse (4:2,3,8; 7:11, p. ex.), na transfiguração relatada pelos Evangelhos (Mateus 17:1-9; Marcos 9:2-8; Lucas 9:28-36) e na própria experiência mística do apóstolo (2Coríntios 12:4).

---

[14] Grant R. Osborne, *Apocalipse*, Série Comentário Exegético (São Paulo: Vida Nova, 2014), p. 591.

[15] Por "escatologia inaugurada", quero dizer que no tempo histórico presente é possível já desfrutar bençãos futuras (escatológicas). É o "ainda não" do futuro cósmico mergulhando no "já" da vida cotidiana.

14

O FRUTO DO ESPÍRITO SANTO

Ocasionalmente respondo a algumas perguntas na caixinha do Instagram e sempre fico impressionado com algumas dúvidas levantadas. É quase uma experiência de sociologia da religião observar o que mais inquieta o evangélico médio. Em geral, as perguntas giram em torno de questões sobre pecado. Jovens e adultos perguntam: "Será que posso fumar? Frequentar baladas? Posso namorar pessoas que não professam a fé cristã? E quanto ao sexo antes do casamento? Posso dançar?", entre outras. Já ouvi essas perguntas diversas vezes e, sempre que possível, evito responder. Não que esteja desprovido de uma opinião solidificada sobre cada uma dessas polêmicas, mas, em geral, não quero assumir uma responsabilidade de escolha que cabe ao interrogador. Ora, se vivemos no Espírito, conseguimos discernir sobre o momento de avançar e o momento de levantar barreiras.

Muitas vezes nos preocupamos excessivamente com leis, normas e diretrizes. Deveria ser assim? Será que o cristão pleno do Espírito Santo é um sujeito levado para "onde o vento quer" (cf. João 3:8) apenas se estiver sob a rígida rédea dos códigos de conduta? O apóstolo Paulo lembra não haver lei contra o fruto do Espírito (Gálatas 5:23). Ele também escreveu à igreja de Corinto: "Ora, o Senhor é o Espírito e, onde está o Espírito do Senhor, aí há liberdade" (2Coríntios 3:17). Ou seja, a lei não pode ajudar nem impedir o caráter moldado pelo Espírito Santo. Assim, podemos viver livres para servir a Cristo de coração, ou ainda precisamos viver como animais selvagens — que, sem uma domesticação ferrenha, sucumbem aos instintos mais selvagens?

O teólogo Yves Congar escreveu:

> O cristianismo não é uma lei, embora comporte uma; não é uma moral, embora comporte uma. Ele é, pelo dom do Espírito de Cristo, uma ontologia de graça que traz consigo, como seu produto ou seu fruto, alguns comportamentos requeridos, exigidos até, por aquilo que somos [...], o Espírito é uma lei, não por pressão, mas por chamamento.[1]

Eis aí um fato novo no mundo religioso. O legalista sempre acha que precisa ajudar Deus com a criação de novos costumes, usos e conceitos proibitivos, mas a Palavra de Deus ensina que quem é cheio do Espírito Santo não necessita de leis externas, pois seu desejo profundo é, em primeiro lugar, amar a Deus e ao próximo.[2] O cristão, portanto, está longe da libertinagem que abraça o pecado, e do legalismo que se agarra ao ornamento jurídico ineficaz. Servos de Deus não se emporcalham com a imoralidade somente porque há alguma regra contra isso, mas porque seu coração têm ojeriza por tal coisa e desejam primeiro glorificar a Deus com sua vida.

[1] Congar, *Ele é o Senhor e dá a vida*, p. 175.
[2] Para um tratamento do legalismo como um problema eclesiástico, veja Siqueira, *Reino dividido*.

É bem verdade que a natureza pecaminosa habita em cada um de nós, mas, com a graça de Cristo, e mediante a operação do Espírito Santo (cf. Romanos 5:5), podemos progressivamente vencer essa batalha. A luta é árdua e há quedas e derrotas no meio do caminho. A verdade é que essa guerra é simplesmente impossível de ser vencida apenas com nossas forças fraquejadas, mas, com Deus, "tudo é possível ao que crê" (Marcos 9:23).

O FRUTO DO ESPÍRITO

O pentecostalismo tem enfatizado no último século a importância dos dons espirituais. Da mesma forma, grandes mestres pentecostais, como Donald Gee e Myer Pearlman, não esqueceram que o poder sem caráter é ineficaz. O poema sobre o amor de 1Coríntios 13 está encravado no meio do texto cujo tema central é os dons espirituais (1Coríntios 12-14). Assim, é impossível falar dos dons espirituais sem mencionar o fruto do Espírito. Não é à toa que a maioria das obras sobre o assunto, especialmente aquelas escritas pelos teólogos pentecostais, não deixam de citar e expor a essencialidade do fruto do Espírito.

O poder, mesmo aquele derivado da espiritualidade, é como a energia: pode tanto iluminar como matar. Os dons espirituais sem o fruto do Espírito são como fios descascados. Assim, a forma bíblica de evitar abusos na liturgia não está na proibição dos dons nem mesmo na elaboração de uma teoria cessacionista, mas tão somente na busca pela plenitude do Espírito manifesta no caráter santo e moldado em Cristo pelo fruto que germina no verdadeiro cristão. Evitam-se exuberâncias "carismaníacas" com mais amor, bondade, benignidade, e não com a completa ignorância sobre os dons.

O grande foco do apóstolo Paulo em 1Coríntios 14 é o caráter edificador dos dons espirituais. O resumo do capítulo pode ser lido no versículo 26: "Tudo seja feito para a edificação". E, para desejar edificação, é necessário amor. O egoísta, em momento algum, pensará na edificação do outro, pois sua preocupação sempre será seu próprio bem-estar, mesmo o "bem-estar" espiritual. É por esse motivo que Paulo preferia falar em língua corrente, caso não houvesse interpretação, a falar em glossolalia: "Todavia, na igreja prefiro falar cinco palavras compreensíveis para instruir os outros a falar dez mil palavras em uma língua" (v. 19).

Os dons espirituais e o batismo no Espírito Santo, que também é um dom, não têm caráter santificador. O fruto é resultado da santificação, mas os dons não têm relação direta com o caráter. Como certa vez escreveu Donald Gee: "O propósito divino imediato no Pentecoste era o poder, e não a santidade".[3] É também evidente que uma vida que cultiva os dons está usando de um meio de graça que pode edificar e produzir uma vida cristã mais madura, mas, insisto, esse efeito será nulo se confiarmos apenas no poder carismático como único canal de intimidade com Deus.

Quando o apóstolo Paulo fala do fruto do Espírito, usa a palavra no singular. Não são "os frutos" do Espírito, mas o fruto (Gálatas 5:22,23). Alguns exegetas entendem não haver nada de especial no uso de "fruto" no singular (Adolf Pohl, Douglas Moo, Gordon Fee, Scot MckNight). Outros sugerem que a palavra no singular indica que a vida no Espírito é integral, e não fragmentada em algumas virtudes dispersas (Antonio Gilberto, Ernest DeWitt Burton), e que a unidade do fruto contrasta com o caos das obras da carne (Hans Dieter Betz, J. Louis Martyn, Timothy George).

---

[3] Gee, *The fruit of the Spirit*, p. 162.

PNEUMATOLOGIA

Muitos apontam a semelhança das virtudes do fruto do Espírito com as virtudes exaltadas pela filosofia moral grega, especialmente a estoica. Mas há duas diferenças importantes. Em contraste com os gregos, Paulo não acreditava que o conhecimento filosófico capacitaria o homem a abraçar a virtude no lugar dos vícios. Essa capacitação acontece apenas com a ajuda do Espírito Santo. Embora haja cooperação humana, a virtude em si é produzida pelo Espírito. Outro ponto importante é que a lista das virtudes do fruto do Espírito é encabeçada por amor, alegria e paz, encontrando-se em consonância com a tradição hebraica (cf. Levítico 19:18; Deuteronômio 6:4,5).

Veja, a seguir, a definição de cada virtude do fruto do Espírito, da forma descrita em Gálatas 5:22,23 (ARA): "Mas o fruto do Espírito é: amor, alegria, paz, longanimidade, benignidade, bondade, fidelidade, mansidão, domínio próprio. Contra estas coisas, não há lei". É necessário entender a lista não como uma espécie de *checklist*, mas como a integralidade da ação do Espírito Santo na vida do crente.

VIRTUDE	DESCRIÇÃO
Amor	Amor (gr., *agápē*) é entrega de si. É a maior virtude cristã (1Coríntios 13:13) porque é perene, ligando o tempo presente com a eternidade. Enquanto as obras da carne são voltadas ao deleite do indivíduo, o fruto do Espírito começa pela doação de si. O amor também aponta para a importância da vida comunitária, seguindo, assim, a tradição hebraica (Levítico 19:18; Deuteronômio 6:4,5).
Alegria	A alegria (gr., *chará*) vai além de sentimento e emoção momentânea, embora também os envolva. É, acima de tudo, resposta de gratidão profunda pelos frutos generosos da salvação (Isaías 56:7; Lucas 2:10,11). A alegria é, também, resultado do entusiasmo escatológico: "Alegrem-se, não porque os espíritos se submetem a vocês, mas porque seus nomes estão escritos nos céus" (Lucas 10:20).

130

Paz	A paz (gr., *eirénē*) é uma palavra riquíssima na tradição hebraica (hebr., *šālôm*) e indica integridade, bem-estar, prosperidade e ausência de hostilidade. A paz é a antítese do caos. "Enquanto mistério de paz, o Espírito Santo é também a resposta para a nossa inquietude. O nosso coração anda inquieto, insatisfeito, à busca, e é justamente o Espírito Santo o lugar do seu repouso, no qual ele se pode aquietar e encontrar a paz."[4]
Longanimidade	Longanimidade (gr., *makrothymia*) é paciência. Essa virtude está ligada à resistência e à persistencia diante da adversidade. A palavra em português longanimidade expressa a riqueza do vocábulo grego porque, em sua raiz etimológica, indica a qualidade de ser sofredor. A paciência envolve a firmeza da permanência.
Benignidade	"Benignidade" (A21, ARA, ARC, NAA, TB) ou "amabilidade" (NVI, NVT) traduzem o termo grego chrēstótēs. Essa palavra abarca inúmeras qualidades: generosidade, prestatividade, simpatia, gentileza, suavidade etc. Quem é benigno tem bom trato, é agradável e cortês. O benigno é educado e polido nas atitudes. Portanto, o crente frutífero não apenas muda comportamentos óbvios, abandonando a embriaguez e a lascívia, mas também se conduz de modo agradável.
Bondade	Bondade (gr., *agathōsynē*), como sinônimo de benignidade, é termo mais genérico. "No cenário atual pode muito bem significar 'generosidade' — é a antítese de inveja, que figura entre as obras da carne."[5] O bondoso tem interesse no bem-estar dos outros. Antonio Gilberto entende que a bondade é a expressão prática da benignidade.[6] Em outras palavras, o Espírito nos concede o sentimento benigno e a prática bondosa.

[4] Cantalamessa, *Vem, Espírito criador!*, p. 34.
[5] Bruce, *The Epistle to the Galatians*, p. 254.
[6] Silva, *O fruto do Espírito*, p. 101.

Fidelidade	A palavra grega pistis pode ser traduzida por "fé" (ARC) ou "fidelidade" (ARA; NAA, NVI, NVT). Ser fiel é transmitir confiança; é assumir com constância compromissos e honrá-los.
Mansidão	A mansidão (gr., praútēs) também pode ser traduzida por "humildade" e "gentileza". O manso é aberto ao aprendizado e à escuta (Tiago 1:21). O manso é submisso e tranquilo, opondo-se a toda violência. Enquanto a mentalidade mundana pensa na conquista de territórios como algo possível apenas pela força bruta, na mensagem escatológica de Jesus os mansos "herdarão a terra" (Mateus 5:5).
Domínio próprio	Domínio próprio (gr., enkráteia) pode ser entendido como "autocontrole", "autodomínio". É o mesmo que continência. Assim como as demais virtudes, não é uma conquista meramente individual. "A força para exercer o autocontrole só vem na comunidade, e especificamente na comunidade em que o Espírito está frutificando."[7]

---

[7] Martyn, *Galatians*, p. 500.

15

O ESPÍRITO SANTO NA HISTÓRIA DA IGREJA

Os ESTUDOS DA HISTÓRIA DA IGREJA fornecem inúmeras ferramentas de reflexão sobre o nosso presente e o nosso futuro. Quando lemos o Novo Testamento, podemos observar que, inspirados pelo Espírito Santo, os autores bíblicos Paulo, Mateus, João, Tiago e Lucas fizeram diversas referências às histórias do Antigo Testamento com o fim de articular importantes verdades teológicas para a igreja primitiva. A teologia histórica é essencial ao teólogo de qualquer vertente, mas, nos estudos de história, devemos evitar dois erros bem comuns: a idealização e a rejeição do passado.

Os conservadores tendem a enxergar o passado sempre de maneira positiva. No contexto pentecostal, esse equívoco é muito comum. Alguns falam da igreja de décadas atrás como se nela não existisse pecado. Interessante, porém, é que, quando lemos o Novo Testamento, não observamos nas

PNEUMATOLOGIA

páginas sagradas qualquer interesse em romantizar o que passou. A realidade nua e crua da igreja em Corinto, por exemplo, é exposta nas Sagradas Escrituras com muita transparência, assim como inúmeros problemas da igreja primitiva em Atos dos Apóstolos. Vale lembrar que um dos primeiros relatos do livro mostra uma disputa de preferência entre cristãos de origem judaica e de origem grega: "À medida que o número de discípulos crescia, surgiam murmúrios de descontentamento. Os judeus de fala grega se queixavam dos de fala hebraica, dizendo que suas viúvas estavam sendo negligenciadas na distribuição diária de alimento" (Atos 6:1).

Todavia, há a outra face da moeda. Você já deve ter escutado alguém usando a palavra "medieval" em sentido negativo. Popularmente, o período medieval é chamado até de "Idade das Trevas". Será que essas conotações históricas são justas? Nos tempos modernos, há um fenômeno que o escritor C. S. Lewis (1898-1963) chamou de "esnobismo cronológico": a tendência de considerar o passado sempre de maneira negativa em relação ao presente. O filósofo Owen Barfield (1898-1997) observa que, para muitos modernos, "a humanidade definhava intelectualmente por inúmeras gerações nos erros mais infantis em todos os tipos de assuntos cruciais, até ser resgatada por algum ditado científico simples do século passado".[1] Adolescentes e até mesmo adultos, de maneira ingênua, acreditam que o mundo só ficou bom, agradável e inteligente quando a geração deles nasceu.

Em suma, devemos respeitar, estudar e cultivar o passado sem idealizá-lo, assim como não podemos desprezar as preciosas lições que os irmãos já falecidos deixaram para nossa

---

[1] Barfield, *History in English words*, p. 164.

trajetória. O sábio aprende com o erro dos antecessores e imita as boas condutas daqueles que já se foram.

A RELAÇÃO HISTÓRICA DA IGREJA COM O ESPÍRITO SANTO[2]

As atividades carismáticas sempre estiveram presentes na história da igreja. *Didaquê* e *O pastor*, de Hermas, dois escritos do século 2, distinguem entre verdadeira e falsa profecia. Essa preocupação não faria sentido se a atividade profética tivesse cessado — o tratamento mais lógico seria rejeitar todas as profecias como falsas em vez de ensinar a distinguir a falsificação do dom verdadeiro. Ainda na transição do segundo para o terceiro século, o bispo Hipólito de Roma (160-235), em sua *Tradição apostólica*, escreveu: "Se alguém disser que recebeu o dom da cura por revelação, não serão impostas as mãos sobre ele: os fatos demonstrarão se está dizendo a verdade". Observe que o presbítero não presume que quem afirma ser usado no dom de cura seja um falsário, mas que é necessário observar o resultado prático dessa atividade. No terceiro século, o teólogo Novaciano (210-280) declarou: "Este é o [Espírito Santo] que coloca profetas na igreja, instrui mestres, dirige línguas, dá poderes e curas, realiza obras maravilhosas".

Na Idade Média não foi diferente. O papa Gregório I (540-604) escreveu uma biografia sobre Bento de Núrsia (450-547), monge italiano, descrevendo que, em seu ministério, houve inúmeras curas, exorcismos e profecias. Simão, o Novo

---

[2] Todas as informações deste tópico foram extraídas das seguintes fontes: Araújo, *Dicionário do movimento pentecostal*; Borriello, *Dicionário de mística*; Burgess, *The new international dictionary of Pentecostal and charismatic movements*; Ensley, *Sons de milagres*; Hyatt, *2000 anos de cristianismo carismático*.

Teólogo (949-1022), relatou experiências de choro compulsivo e visões. O monge inglês Richard Rolle (1300-1349) teve uma experiência de calor e alegria que transbordou em um canto que soava como música angelical em seu interior. Catarina de Siena (1347-1380), uma mulher extraordinária, relata diversos êxtases, visões e revelações.

No início da chamada Idade Moderna, a atividade carismática também estava ativa. Do lado católico, Teresa de Ávila (1515-1582) e João da Cruz (1542-1591) relatam revelações privadas. Do lado protestante, Martinho Lutero (1483-1546) manifestou resistência na ênfase de milagres e sinais extraordinários, principalmente porque a Igreja Católica usava os milagres como contra-argumento às críticas ao catolicismo. Mas isso não quer dizer que Lutero desprezasse a tradição mística do cristianismo. O reformador alemão tinha grande consideração pelo monge Bernardo de Claraval (1090-1153), um dos mais importantes nomes da mística medieval. Lutero observou que Bernardo de Claraval parecia "cair em delírio de amor quando fala de seu divino Mestre". É verdade que não encontramos relatos de visões e êxtase nas experiências de Lutero, porém, apesar das críticas aos excessos dos "entusiastas", Lutero estava longe de ser um racionalista frio que desprezasse a experiência.

O AGIR DO ESPÍRITO NA HISTÓRIA: OS AVIVAMENTOS

A palavra avivamento vem do verbo "avivar", que significa "tornar a viver". Avivamento é uma poderosa renovação espiritual provocada pelo Espírito Santo em determinado grupo. É uma ação divina, e não mero produto da vontade humana. Tanto nas Escrituras (cf. Neemias 8:1-18; Atos 2:1-47) como na história da igreja, houve vários avivamentos, impactando milhões de vidas.

O avivamento é mais que uma transformação individual; ele diz respeito a um impacto sobre toda a comunidade, seja uma congregação, seja até mesmo uma nação.

A experiência pessoal de Enéas Tognini (1914-2015) é um exemplo de avivamento que alcançou toda uma denominação. Tognini era pastor na Igreja Batista de Perdizes, um bairro da zona oeste de São Paulo, SP, quando recebeu, em sua biblioteca, o batismo no Espírito Santo com o falar em "novas línguas", no ano de 1958. Converteu-se de antipentecostal para o nome mais expressivo do avivamento carismático brasileiro. Na época, tal fato escandalizou a comunidade batista, e Tognini deixou o pastorado de sua igreja, além da direção do Colégio Batista Brasileiro. Em 1981, Tognini fundou a Igreja Batista do Povo, localizada no bairro de Vila Mariana, também na capital paulista. Ele foi grandemente influenciado pela missionária americana Rosalee Mills Appleby (1895-1991) e pelo pastor José Rego do Nascimento (1922-2016), fundador da Igreja Batista da Lagoinha em Belo Horizonte, MG. Ambos defendiam a renovação carismática entre os batistas tradicionais. A experiência de Tognini transformou o evangelicalismo brasileiro, tornando várias igrejas históricas mais expressivas em número e mais ativas em evangelização. Embora tenha sido uma experiência individual, o impacto comunitário entre os batistas é sentido até hoje.

Em 1994, na cidade de Memphis, Tennessee, EUA, a Pentecostal Fellowship of North America, uma instituição que reúne igrejas pentecostais brancas, foi substituída pela instituição chamada Pentecostal/Charismatic Churches of North America (PCCNA). Nesse novo grupo, o primeiro presidente eleito foi o bispo negro Ithiel C. Clemmons (1938-2015), proveniente da Igreja de Deus em Cristo. Os líderes da Assembleia de Deus rejeitaram o passado racista da denominação, e um pastor

PNEUMATOLOGIA

branco assembleiano lavou os pés do bispo Ithiel C. Clemmons. O ato não havia sido planejado, mas o pastor branco fez esse gesto como sinal de profundo arrependimento pelo pecado do racismo nas igrejas americanas. Retribuindo o gesto, o bispo negro Charles Edward Blake, da Igreja de Deus em Cristo, lavou os pés de Thomas E. Trask, então superintendente-geral das Assembleias de Deus nos Estados Unidos. Toda a cerimônia aconteceu debaixo de muito choro, quebrantamento e louvor. Esse episódio ficou conhecido como o "milagre de Memphis".[3] O avivamento veio sobre a congregação de pastores pentecostais reunidos em uma conferência institucional e, por consequência, a reconciliação racial aconteceu sobre eles depois de décadas de segregação e separatismo.

LIÇÕES DOS AVIVAMENTOS

A primeira lição sobre os avivamentos é que o ser humano não pode fabricá-los. Alguns pensam que o avivamento é quando a igreja recebe um pregador famoso ou quando ocorre algum grande congresso em que o culto festivo acaba em fervor barulhento. Mas não se engane, pois o avivamento não é um evento de calendário previamente marcado, mas, sim, um ato gracioso e poderoso de Cristo em nossas comunidades. O teólogo metodista Dennis F. Kinlaw (1922-2017) dizia: "Dá-me um momento divino no tempo em que Deus age, e eu digo que esse momento é muito superior a todos os esforços humanos ao longo dos

---

[3] "A importância da localização de Memphis deve ter sido evidente para todos, pois esta cidade desempenhou um papel importante nos eventos de direitos civis da década de 1960. Foi aqui que o Dr. Martin Luther King Jr. fez seu famoso último discurso conhecido como 'Eu estive no topo da montanha', no famoso Mason Temple, sede da Igreja de Deus em Cristo (COGIC). Foi nesta cidade que o Dr. King foi assassinado, em 1968" (Wilkinson; Studebaker, *A liberating Spirit*, p. 134).

O ESPÍRITO SANTO NA HISTÓRIA DA IGREJA

séculos".[4] Podemos clamar e orar sem cessar para que o Senhor avive sua santa igreja, mas o avivamento virá no tempo do Espírito Santo e segundo sua soberana vontade.

A segunda lição, que aprendemos ao observar os grandes avivamentos na história da igreja, é que não existe despertamento sem transformação social. Um exemplo marcante é o avivamento da rua Azusa, em 1906, na cidade de Los Angeles, EUA, quando Deus usou William Seymour (1870-1922) como catalisador do moderno movimento pentecostal. Naquela época, os Estados Unidos viviam debaixo de leis segregacionistas que alimentavam o odioso racismo de brancos contra negros. Mesmo nesse cenário social tenebroso, os cultos dirigidos por Seymour reuniam brancos e negros em completa harmonia, enquanto outras igrejas se dividiam em questões raciais. Esse avivamento não só trouxe frutos espirituais (o batismo no Espírito Santo e os dons), mas também desestruturou o pecado do racismo, presente na sociedade americana, entre aqueles alcançados pelas pregações de Seymour.

A terceira lição preciosa dos avivamentos é que nenhum deles dura para sempre, embora seus frutos permaneçam entre várias e várias gerações. Desse modo, não podemos nos conformar apenas em desfrutar os frutos de um avivamento ocorrido décadas atrás, mas também devemos desejar e buscar avivamento para nossa própria geração. Deus não tem netos, apenas filhos. Devemos cultivar a memória, mas é a nossa ação no presente que fará diferença no futuro. A vida cristã é um equilíbrio que abraça a tradição sem tradicionalismo, enquanto se trabalha pelo futuro sem idealismo e ativismo, na dependência do Senhor. Jesus nos disse: "Enquanto é dia, precisamos realizar a

---

[4] Coleman, *One divine moment*, p. 1.

obra daquele que me enviou. A noite se aproxima, quando ninguém pode trabalhar" (João 9:4).

A quarta lição dos avivamentos é que não existe uma renovação genuína sem uma paixão renovada pela Palavra de Deus. No grande avivamento liderado pelo sacerdote Esdras, "Esdras leu o livro em voz alta, diante da praça que fica em frente ao Portão das Águas, desde o amanhecer até o meio-dia, na presença dos homens, das mulheres e dos que podiam entender. E todo o povo tinha os ouvidos atentos ao Livro da Lei" (Neemias 8:3). Um "avivamento" sem genuína paixão pela Palavra torna-se mero aviltamento, um fogo de palha, cheio de distorções.

Vários movimentos carismáticos na história da igreja surgiram como um necessário renovo do povo de Deus, mas acabaram não se sustentando, dadas as fraquezas doutrinárias. Um exemplo eloquente é o montanismo, que ocorreu por volta do ano 170 na Frígia (atual Turquia).[5] Montano, um ex-sacerdote pagão, começou a pregar e profetizar depois de uma experiência com o Espírito Santo. Em sua congregação, havia também duas profetisas, Priscila e Maximiliana. O grupo tinha como objetivo pregar a renovação espiritual da igreja, além de enfatizar a importância da profecia e alertar para a iminência do fim do mundo. O montanismo também abraçava um forte rigor moral e ascético: o casamento de viúvas era proibido, a continência sexual dentro do casamento era defendida; e o jejum era largamente incentivado. Tertuliano, pai da igreja, foi próximo

---

[5] "Quase tudo o que sabemos sobre Montano vem de fontes hostis e tem sido contestado, embora a maioria dos estudiosos concorde que ele foi uma figura carismática que proclamou a vinda da perfeição escatológica nas comunidades cristãs que se assemelhassem à cidade celestial de Jerusalém" (Hart, *The dictionary of historical theology*, p. 381).

do montanismo.[6] Em seus excessos de profecias e resistência à reflexão bíblica, o grupo caiu no ostracismo e acabou rejeitado pela igreja como cismático. Embora não fosse heterodoxo, o montanismo sofreu resistência, por insistir na promoção de profecias autoritativas.[7]

A última lição do avivamento é o fato de estar associado a uma vida mais santa. William Seymour costumava dizer: "O poder pentecostal, quando você resume tudo, é apenas mais do amor de Deus. Se não traz mais amor, é simplesmente uma falsificação". O profeta Isaías, quando teve um encontro com Deus, disse: "Ai de mim, que vou perecendo! Porque eu sou um homem de lábios impuros e habito no meio de um povo de impuros lábios; e os meus olhos viram o rei, o Senhor dos Exércitos!" (6:5, ARC). O avivamento traz repulsa ao pecado e impulso pela santificação.

Que o Senhor avive nossas congregações, nosso país e nossas vidas! "Aviva, ó Senhor, a tua obra" (Habacuque 3:2).

---

[6] "Tertuliano foi, em parte de sua vida, intimamente relacionado ao montanismo. Ao deixar para trás o movimento, afirma-se que ele tenha escrito um tratado sobre êxtase, originalmente composto por seis livros, aos quais um sétimo foi adicionado, refutando as acusações de Apolônio, o principal crítico de Montano. Infelizmente, este escrito, *De ecstasi* (Sobre o êxtase), não sobreviveu" (Karkkainen, *Pneumatology*, p. 34).

[7] "A ideia de uma nova revelação minou a tradição da Igreja ao introduzir um conceito totalmente estrangeiro de progresso na revelação, até então desconhecido. Era uma heresia sobre a Igreja, pois colocava a profecia fora da Igreja. A Igreja deixava de ser um *locus* da atividade do Espírito porque, de acordo com o montanismo, o Espírito encarnou em indivíduos particulares de maneira especial" (Aranasiev, *The church of the Holy Spirit*, p. 221).

16

CRIAÇÃO E ECOLOGIA

O Antigo Testamento fornece as bases do pensamento cristão, até mesmo sobre a Pessoa e a obra do Espírito Santo. Embora a revelação tenha caráter progressivo, é possível olhar para o texto hebraico e dele extrair inúmeras lições sobre pneumatologia. No Primeiro Testamento, o Espírito é o sopro de Deus que supre vida e é a força que transforma profetas, juízes e reis. É também criador, sustentador e capacitador. Daí podemos questionar: qual é a primeira característica do Espírito Santo no Antigo Testamento?

ESPÍRITO CRIADOR

A primeira menção ao Espírito Santo na Bíblia está em Gênesis 1:2: "Era a terra sem forma e vazia; trevas cobriam sobre a face do abismo, e o Espírito de Deus se movia sobre a face das águas". Envolvido na criação do universo, é o Espírito Santo quem coloca ordem no caos. Alguns pentecostais acham que a atuação do Espírito Santo traz desordem onde existe ordem, mas a Bíblia diz exatamente o oposto. A terra — quando ainda improdutiva, inabitada e cercada de densas trevas — recebe

CRIAÇÃO E ECOLOGIA

vida por parte do Espírito de Deus. O Espírito Santo é o construtor, edificador e sustentador por excelência. "Pairando como águia sobre o abismo primordial, o poderoso Espírito prepara a terra para habitação humana."[1] Da mesma maneira que a águia paira no ar para alimentar seus filhotes, o Espírito Santo nutre a criação.

Baseado no texto do Gênesis, o poeta britânico John Milton escreveu em *O paraíso perdido*:

> Qual pomba, abrindo as asas poderosas,
> Pairaste sobre a vastidão do Abismo
> E com almo portento o fecundaste.[2]

Milton entendeu perfeitamente que Gênesis 1:2 ensina sobre o Espírito Santo na qualidade de provedor da vida. O Espírito de Deus é o *almo portento que fecunda* ou, em bom português, é o nutridor bondoso que planta em nós coisas extraordinárias. É empolgante saber que o primeiro ensino na Bíblia sobre o Espírito Santo o apresenta como Espírito de vida e criador!

O Espírito produtor de vida, presente em Gênesis, é o tema central da pneumatologia de Paulo em Romanos 8. Segundo o apóstolo, é o garantidor da ressurreição do corpo. O apóstolo diz: "E, se o Espírito daquele que ressuscitou Jesus dentre os mortos habita em vocês, aquele que ressuscitou a Cristo dentre os mortos também dará vida a seus corpos mortais, por meio do seu Espírito, que habita em vocês" (Romanos 8:11). O Espírito Santo é quem ressuscitou Jesus Cristo; também é quem ressuscitará nosso corpo mortal no futuro escatológico,

[1] Waltke, *Gênesis*, p. 69.
[2] Trad. Lima Leitão, citado em Scandolara, *Escamandro* (blogue), vol. 1-73, livro 1, disponível em: escamandro.wordpress.com/2012/06/13/milton-paraiso-perdido/.

e quem também renovará a natureza que geme as dores de parto (v. 22).

Outra implicação do Espírito envolvido na criação está no estabelecimento da nova criação. Por ser um assunto escatológico, ou seja, diz respeito ao tempo do fim e, também, é um tópico ecológico. O Espírito Santo provoca movimento, ação, impulso, vida e ressurreição. A ação não é mera interferência celestial, direta e sem mediação, vinda de cima para baixo. Ela envolve, não obstante, o ser humano cheio do Espírito, aquele que encontra forças que não procedem dele. Em outras palavras, o enchimento do Espírito Santo não depende diretamente da vontade humana, mas encontra no ser humano o agente de cooperação.

Gênesis fala do Espírito Criador; Paulo, em Romanos 8, fala do Espírito da ressurreição que produz a nova criação; João, no Apocalipse, fala do Espírito que põe em nós o desejo (22:17) pela consumação final dos novos céus e nova terra (21:1). O Espírito é o criador e renovador da criação.

O ESPÍRITO SANTO E A ECOLOGIA

Moro na região sul da cidade de São Paulo, próximo ao rio Pinheiros. Nos últimos três anos, o governo local e a iniciativa privada fizeram uma parceria para a limpeza do afluente. Antes do processo de despoluição, o rio era um grande esgoto com água preta, cheiro ruim e nenhum sinal de vida. Era símbolo de uma cidade que se industrializou destruindo o meio ambiente e gerando riqueza com morte. O rio ainda não está completamente limpo, mas os primeiros sinais de vida começaram a aparecer. Ao lado do ribeiro, há uma ciclovia que frequento com certa regularidade. No meu mais recente passeio pela ciclovia, não senti mais nenhum cheiro ruim, e a cor do

CRIAÇÃO E ECOLOGIA

rio, antes totalmente turvo e escuro, agora é verde. No entanto, para mim, o símbolo maior da recuperação do rio está em um grupo de garças e patos que observei no caminho. Uma vez que garças se alimentam principalmente de animais aquáticos, enquanto patos comem peixes, insetos, plantas, algas e frutas, sua presença às margens do rio mostra que a vida voltou a aparecer ali. O rio morto que revive aponta para o milagre da ressurreição.

Os cristãos mais fundamentalistas lerão o primeiro parágrafo deste capítulo e pensarão que estou "viajando na maionese". O que um rio em despoluição, a ressurreição do corpo e o Espírito Santo têm a ver entre si? Afinal, este livro não é sobre a Pessoa do Espírito Santo?[3]

O apóstolo Paulo associa natureza, humanidade, ressurreição e o Espírito Santo em Romanos 8:18-27. O apóstolo lembra que temos "as primícias do Espírito" (v. 23), ou seja, possuímos a habitação do Espírito Santo conforme a bênção primária de nossa nova vida em Cristo, nossa salvação. Mas, ainda assim, em conjunto com a natureza, gememos: nós "gememos em nosso íntimo" (v. 23) da mesma forma que a natureza geme na espera de ser liberta do "cativeiro da corrupção" (v. 21,22). Esse não é o gemido do pecado; é o gemido das dores de parto. É o gemido que aponta para o novo nascimento. Tanto a natureza como nosso corpo esperam ser redimidos pela ressurreição. Contudo, não apenas a natureza e o ser humano gemem com dores de parto na expectativa da ressurreição, mas também o próprio Espírito geme em nós a ânsia da restauração (v. 26).

---

[3] O espanto dos fundamentalistas apenas aponta para um fato lamentável: embora eles exaltem a Bíblia com grande louvor, pouco a estudam. Prova disso é que o fundamentalismo, enquanto movimento, produziu muitos teólogos, mas pouquíssimos biblicistas.

Essa é a mensagem central de Romanos 8 sobre a nova criação. Os planos redentores de Deus envolvem mais que a humanidade; eles valem para a criação no seu todo.

É verdade que alguns ambientalistas fazem da pauta ecológica uma religião secular e defendem a terra como tendo personalidade própria e autônoma. Outros abraçam até mesmo uma espécie de panteísmo — filosofia que confunde a natureza com a deidade. Os adeptos espiritualizados da nova era olham o planeta Terra na qualidade de deusa-mãe. Consoante com tudo na vida, a pauta ecológica também está presente nos corações idólatras. Mas os exageros de uma minoria não devem servir de desculpa para o escapismo de muitos cristãos indiferentes e negligentes. A distorção dos místicos da deusa Gaia não invalida a importância do tema diante da urgência das mudanças climáticas. A frase "e viu Deus que era bom", que marca a narrativa da criação em Gênesis, sinaliza que Deus ama o que criou. Só a força do pecado se deleita com a destruição daquilo que Deus achou bom.

O pecado é a quebra de relacionamento com Deus, mas também com o próximo, consigo mesmo e com a criação. É a busca desenfreada por uma autonomia egoísta e individualista. O pecado produz desordem, rompimento e feridas entre as relações. A transgressão é um processo de contínua excomunhão. A salvação, portanto, na qualidade do restabelecimento da ordem divina, implica restaurar a comunhão dantes perdida; é um novo começo em novos relacionamentos — com Deus, com o próximo e com o ambiente que nos cerca. A mentalidade do ser humano influenciado pelo Espírito de vida é de conservação; não de destruição, arruinação e morte. Os teólogos de tradição ortodoxa lembram que nós, cristãos, somos "sacerdotes da criação". Somos os administradores da criação de Deus. Quem administra não arruína; cuida.

CRIAÇÃO E ECOLOGIA

A teologia cristã desenvolveu o conceito de sacramento para indicar elementos que são sinais materiais da graça de Deus, tais como o vinho, o pão e o óleo. A sacramentalidade, porém, não se restringe à liturgia: quando olhamos, a partir do Espírito de vida, o ambiente que nos cerca, enxergamos inúmeros sinais da graça de Deus em cada música, pintura, planta, animal, mar, montanha e no céu estrelado.

> Os céus proclamam a glória de Deus, e o firmamento anuncia as obras das suas mãos. [...] Não há linguagem, nem há palavras, e deles não se ouve nenhum som. No entanto, por toda a terra se faz ouvir a sua voz, e as suas palavras chegam até os confins do mundo (Salmos 19:1,3,4, ARA).

Os animais também nos apontam para a graça de Deus. No Sermão do Monte, Jesus pregou: "Observem as aves do céu, que não semeiam, não colhem, nem ajuntam em celeiros. No entanto, o Pai de vocês, que está no céu, as sustenta. Será que vocês não valem muito mais do que as aves?" (Mateus 6:26). Jesus lembra que a humanidade vale mais que animais, mas também observa que Deus cuida dos pássaros, nutrindo-os. O Senhor que ampara os humildes (Salmos 147:6) é o mesmo que "dá o alimento aos animais e aos filhos dos corvos, quando clamam" (Salmos 147:9; cp. com Jó 38:41).

A pergunta mais frequente sobre esse tema é: Por que perder tempo preservando o planeta Terra se o mundo vai acabar em algum momento do futuro? Em outras palavras, qual é o lugar da ecologia na escatologia?

O texto já citado de Romanos 8:18-27 nos mostra que a Terra será renovada; não destruída. É o mesmo processo da ressurreição do corpo. Assim como o corpo ressurreto será o mesmo que temos hoje, porém glorificado, a nova terra será a mesma de hoje, porém glorificada. Afinal, o céu descerá para a nova terra. Não sabemos bem como a nova dinâmica funcionará na prática, mas sabemos pela Palavra que na eternidade haverá uma ligação entre a terra e o céu (Apocalipse 21:1,2). Esse encontro é o casamento da igreja com Cristo. Da mesma forma que não devemos viver de forma destrutiva porque um dia ressuscitaremos com nosso corpo glorificado, não podemos tratar a terra como mera mercadoria. O valor da criação está no fato de ela ser obra de Deus, e não apenas em servir ao bem-estar da humanidade.

BIBLIOGRAFIA

Livros

AQUINO, Tomás de. *Commentary on the First Epistle to the Corinthians.* Ed. Eletrônica (Green Bay: Emmaus Academic, 2012).

ARANASIEV, Nicholas. *The church of the Holy Spirit.* 1. ed. (Notre Dame: University of Notre Dame Press, 2007).

ARRINGTON, French L.; STRONSTAD, Roger. *Comentário bíblico pentecostal: Novo Testamento* (Rio de Janeiro: CPAD, 2003).

BARFIELD, Owen. *History in English words* (London: Faber and Faber, 1964).

BARROZO, Victor Breno Farias. *Mosaicos do sagrado* (São Paulo: Recriar, 2019).

BAUCKHAM, Richard. *O mundo cristão em torno do Novo Testamento* (Petrópolis: Vozes, 2022).

BEALE, G. K.; CARSON, D. A. *Comentário do uso do Antigo Testamento no Novo Testamento* (São Paulo: Vida Nova, 2014).

BECKER, Jürgen. *Apóstolo Paulo: vida, obra e teologia* (Santo André: Academia Cristã, 2020).

BONNEAU, Guy. *Profetismo e instituição no cristianismo primitivo* (São Paulo: Paulinas, 2003).

BORING, M. Eugene. *Introdução ao Novo Testamento: história, literatura e teologia: Cartas Católicas, Sinóticos e escritos joaninos* (São Paulo/Santo André: Paulus/Academia Cristã, 2016).

PNEUMATOLOGIA

BLOMBERG, Craig L. *Introdução aos Evangelhos* (São Paulo: Vida Nova, 2009).

BRAKEMEIER, Gottfried. *A primeira carta do apóstolo Paulo à comunidade de Corinto: um comentário exegético-teológico* (São Leopoldo: Sinodal/EST, 2008).

BROWN, Raymond. *O nascimento do Messias* (São Paulo: Paulinas, 2005).

BRUCE, F. F. *Romans: an introduction and commentary* (Downers Grove: IVP, 1985).

_____. *The Epistle to the Galatians* (Exeter: Paternoster, 1982).

BRUEGGEMANN, Walter. *Isaiah 1—39*. Westminster Bible Companion (Louisville: Westminster John Knox Press, 1998).

CANTALAMESSA, Raniero. *Vem, Espírito criador!* (São Paulo: Canção Nova, 2014).

CARSON, D. A. *A manifestação do Espírito: a contemporaneidade dos dons à luz de 1Coríntios 12—14* (São Paulo: Vida Nova, 2013).

COLEMAN, Robert E. *One divine moment: the Asbury revival*. 2. ed. (Wilmore: First Fruits, 2013).

CONGAR, Yves. *Ele é o Senhor e dá a vida*. 2. ed. (São Paulo: Paulinas, 2010).

CHOWN, Gordon. *O Espírito Santo na vida de Paulo* (Rio de Janeiro: CPAD, 1987).

DAY, John, org. *Rei e Messias: em Israel e no Antigo Oriente Próximo* (São Paulo: Paulinas, 2005).

DUNN, James D. G. *Baptism in Holy Spirit: a re-examination of the New Testament* (Louisville: Westminster John Knox Press, 1970).

DUNN, Noel, org. *Charles S. Price: his life and teachings* (s.l: In His Image Ministries Canada, 2017).

EDWARDS, James R. *O comentário de Lucas* (São Paulo: Shedd, 2019).

ENSLEY, Eddie. *Sons de milagres* (Campinas: Ecclesiae, 2017).

FEE, Gordon. *Comentário exegético: 1Coríntios* (São Paulo: Vida Nova, 2019).

FITZMYER, Joseph A. *First Corinthians: a new translation with introduction and commentary*. Anchor Yale Bible. (London: Yale University Press, 2008). vol. 32.

BIBLIOGRAFIA

Gee, Donald. *Como receber o batismo com o Espírito Santo* (Rio de Janeiro: CPAD, 1995).

_____. *The fruit of the Spirit* (Springfield: Gospel Publishing House, 1934).

Hart, Trevor. *The dictionary of historical theology* (Grand Rapids: Eerdmans, 2000).

Heschel, Abraham Joshua. *The prophets* (New York: Harper Perennial, 2001).

Hill, David. *New Testament prophecy* (Atlanta: John Knox Press, 1979).

Hildebrandt, Wilf. *Teologia do espírito de Deus no Antigo Testamento* (São Paulo: Academia Cristã/ Loyola, 2008).

Hoogendyk, Isaiah, org. *Lexham analytical lexicon of the Hebrew Bible* (Bellingham: Lexham Press, 2011).

Hoover, Thomas R. *Comentário bíblico: 1 e 2Coríntios* (Rio de Janeiro: CPAD, 1999).

Horton, Stanley M. *1 e 2Coríntios: os problemas da igreja e suas soluções* (Rio de Janeiro: CPAD, 2003).

_____. *A doutrina do Espírito Santo*. 4. ed. (Rio de Janeiro: CPAD, 2007).

Hurtado, Larry. *Senhor Jesus Cristo* (São Paulo/Santo André: Paulus/ Academia Cristã, 2017).

Hyatt, Eddie. *2000 anos de cristianismo carismático* (Natal: Carisma, 2018).

Karkkainen, Veli-Matti. *Pneumatology: the Holy Spirit in ecumenical, international, and contextual perspective*. 2. ed. (Grand Rapids: Baker Academic, 2018).

Keener, Craig. *1-2Corinthians: the new Cambridge Bible commentary* (Cambridge: Cambridge University Press, 2005).

_____. *A hermenêutica do Espírito: lendo as Escrituras à luz do Pentecoste* (São Paulo: Vida Nova, 2018).

_____. *Acts: an exegetical commentary*. Ed. Eletrônica. (Grand Rapids: Baker Academic, 2012). vol. 1: *Introduction and 1:1-247*.

_____. *Atos*. Comentário Exegético. (Rio de Janeiro: CPAD, 2022). vol. 1: *Introdução e capítulos 1:1 a 2:47*.

PNEUMATOLOGIA

_____. *O Espírito na igreja: o que a Bíblia ensina sobre os dons* (São Paulo: Vida Nova, 2018).

KÖSTENBERGER, Andreas; SWAIN, Scott R. *Pai, Filho e o Espírito: a Trindade e o Evangelho de João* (São Paulo: Vida Nova, 2014).

LEVISON, John R. *Filled with the spirit* (Grand Rapids: Eerdmans, 2009).

LIEU, Judith. *The Gospel of Luke* (Eugene: Wipf and Stock Publishers, 2012).

MACCHIA, Frank D. *Baptized in the Spirit: a global Pentecostal theology* (Grand Rapids: Zondervan, 2006).

MACHADO, Jonas. *O misticismo apocalíptico do apóstolo Paulo* (São Paulo: Paulus, 2009).

MACKENZIE, John L. *Dicionário bíblico* (São Paulo: Paulus, 1984).

MARSHALL, I. Howard. *Fundamentos da narrativa teológica de são Lucas* (Natal: Carisma, 2019).

_____. *The Gospel of Luke: a commentary on the Greek text.* New International Greek Testament Commentary (Exeter: Paternoster, 1978).

MARTYN, J. Louis. *Galatians: a new translation with introduction and commentary* (New Haven: Yale University Press, 1974).

MENZIES, Robert. *Empoderados para testemunhar: o Espírito em Lucas-Atos* (Natal: Carisma, 2021).

NOGUEIRA, Paulo. *Religião e poder no cristianismo primitivo* (São Paulo: Paulus, 2020).

_____, org. *Religião de visionários: apocalíptica e misticismo no cristianismo primitivo* (São Paulo: Loyola, 2005).

ORR, William F.; WALTHER, James Arthur. *I Corinthians: a new translation, introduction, with a study of the life of Paul, notes, and commentary.* Anchor Yale Bible (New Haven: Yale University Press, 1976). vol. 32.

PALMA, Anthony D. *O batismo no Espírito Santo e com fogo* (Rio de Janeiro: CPAD, 2002).

_____. "1 Coríntios". In: ARRINGTON, French L.; STRONSTAD, Roger. *Comentário bíblico pentecostal do Novo Testamento* (Rio de Janeiro: CPAD, 2003).

BIBLIOGRAFIA

Pearlman, Myer. *Conhecendo as doutrinas da Bíblia* (São Paulo: Vida, 1970).

Pethrus, Lewi. *O vento sopra onde quer* (Rio de Janeiro: CPAD, 1982).

Poirier, John C. *The tongues of angels: the concept of angelic languages in classical Jewish and Christian texts* (Tübingen: Mohr Siebeck, 2010).

Pomerville, Paul A. *A força pentecostal em missões: entendendo a contribuição dos pentecostais na teologia missionária contemporânea* (Rio de Janeiro: CPAD, 2020).

Rahner, Karl. *Não extingais o espírito* (São Paulo: Loyola, 2018).

Rouget, Gilbert. *Music and trance: a theory of the relations between music and possession* (Chicago: University of Chicago Press, 1985).

Santos, Rosileny Alves dos. *Entre a razão e o êxtase: experiência religiosa e estados alterados de consciência* (São Paulo: Loyola, 2004).

Schreiner, Thomas R. *Dons espirituais: uma perspectiva cessacionista* (São Paulo: Vida Nova, 2019).

Schweizer, Eduard. *The good news according to Luke* (Louisville: Westminster John Knox Press, 1984).

Segal, Alan. *Paulo, o convertido* (São Paulo: Paulus, 2010).

Selman, Martin J. *1 e 2 Crônicas: introdução e comentário* (São Paulo: Vida Nova, 2006).

Shelton, James. *Poderoso em palavras e obras: o papel do Espírito Santo em Lucas-Atos* (Natal: Carisma, 2018).

Silva, Antonio Gilberto da. *O fruto do Espírito: a plenitude de Cristo na vida do crente* (Rio de Janeiro: CPAD, 2004).

Siqueira, Gutierres Fernandes. *O Espírito e a Palavra: fundamentos, características e contribuições da hermenêutica pentecostal* (Rio de Janeiro: CPAD, 2019).

_____. *Reino dividido: como o pecado do sectarismo sabota a vontade de Deus para a igreja* (Rio de Janeiro: GodBooks, 2021).

_____. *Quem tem medo dos evangélicos? Religião e democracia no Brasil de hoje* (São Paulo: Mundo Cristão, 2022).

_____; Terra, Kenner. *Autoridade bíblica e experiência no Espírito: a contribuição da hermenêutica pentecostal-carismática* (Rio de Janeiro: Thomas Nelson Brasil, 2020).

153

SOARES, Esequias. *O ministério profético na Bíblia* (Rio de Janeiro: CPAD, 2010).

STRONSTAD, Roger. *Teologia carismática de Lucas* (Rio de Janeiro: CPAD, 2018).

SYNAN, H. Vinson. *O século do Espírito Santo: 100 anos do avivamento pentecostal e carismático* (São Paulo: Vida, 2009).

TILLICH, Paul. *Teologia sistemática*. 5. ed. (São Leopoldo: Sinodal, 2005).

THISELTON, Anthony C. *The First Epistle to the Corinthians: a commentary on the Greek text.* New International Greek Testament Commentary (Grand Rapids: Eerdmans, 2000).

VINGREN, Ivan. *Diário do pioneiro*. 5. ed. (Rio de Janeiro: CPAD, 2000).

VON RAD, Gerhard. *Teologia do Antigo Testamento* (São Paulo: ASTE/ Targumim, 2006).

WALTKE, Bruce K. *Gênesis* (São Paulo: Cultura Cristã, 2010).

WENHAN, Gordon J. *Números: introdução e comentário* (São Paulo: Vida Nova, 1985).

WILKINSON, Michael; STUDEBAKER, Steve. *A liberating Spirit: Pentecostals and social action in North America* (Eugne: Wipf and Stock, 2010).

WILLIAMS, J. Rodman. *Teologia sistemática: uma perspectiva pentecostal* (São Paulo: Vida, 2011).

WILLIAMS, D. H.; WILKER, Robert Louis Wilken, orgs. *Matthew: interpreted by early Christian commentators.* The Church's Bible (Grand Rapids: Eerdmans, 2018).

WOLTER, Michael. *The Gospel according to Luke* (Waco: Baylor University Press, 2016). Vol. I: *Luke 1—9:50.*

WRIGHT, Nicolas Thomas. *A ressurreição do Filho de Deus* (São André/ São Paulo: Academia Cristã/ Paulus, 2013).

_____. *O Novo Testamento e o povo de Deus* (Rio de Janeiro: Thomas Nelson Brasil, 2022). vol. I.

YONG, Amos. *Quem é o Espírito Santo: uma caminhada com os apóstolos* (Cuiabá: Palavra Fiel, 2019).

BIBLIOGRAFIA

Dicionários e enciclopédias

ARAÚJO, Isael. *Dicionário do movimento pentecostal* (Rio de Janeiro: CPAD, 2006).

BERLEJUNG, Angelika; FREVEL, Christian, orgs. *Dicionário de termos teológicos fundamentais do Antigo e do Novo Testamento* (São Paulo: Paulus/Loyola, 2011).

BORRIELLO, L. *Dicionário de mística* (São Paulo: Paulus/Loyola, 2003).

BURGESS, Stanley M. *The new international dictionary of Pentecostal and charismatic movements: revised and expanded edition*. 2. ed. (Grand Rapids: Zondervan, 2002).

DYRNESS, William A.; KÄRKKÄINEN, Veli-Matti, orgs. *Dicionário global de teologia* (São Paulo: Hagnos, 2017).

LACOSTE, Jean-Yves. *Dicionário crítico de teologia*. 2. ed. (São Paulo: Paulinas/Loyola, 2004).

EVANS, Craig; PORTER Jr., Stanley E., orgs. *Dictionary of New Testament background* (Downers Grove: IVP Academic, 2000).

FREEDMAN, David Noel. *The Anchor Yale bible dictionary* (New Haven: Yale University Press, 1992). vol. 2.

MCKENZIE, John Lawrence. *Dicionário bíblico* (São Paulo: Paulus, 1984).

ORR, James. *The international standard Bible encyclopedia*. 2. ed. (Grand Rapids: Eerdmans, 1988). vol. 3.

Teses e artigos acadêmicos

ANDRADE, Almir Lima. *Do êxtase à ética: o movimento profético e suas apropriações pela teologia protestante do início do século XX*. 2019. 96 f. Dissertação de mestrado — Programa de Pós-Graduação em Ciências da Religião, Universidade Federal de Sergipe, São Cristóvão, SE, 2019.

CALVANI, Carlos Eduardo B. "Espiritualidade e pregação". *Revista Eletrônica Correlatio*, n. 6, 2004.

MA, Wonsuk. "'If it is a sign': an Old Testament reflection on the initial evidence discussion". *Asian Journal of Pentecostal Studies*, vol. 2, n. 2, 1999.

PALMA, Anthony D. "Spiritual gifts-basic considerations". *Pneuma*, vol. 1, n. 1, 1979.

Websites

SCANDOLARA, Adriano. "Milton e um paraíso mais de uma vez perdido". *Escamandro* (blogue). 13 jun. 2012. Disponível em: escamandro.wordpress.com/2012/06/13/milton-paraiso-perdido/. Acesso em: 28 maio 2022.

PREMIER UNBELIEVABLE? "NT Wright: cessationism & why I pray in tongues//Ask NT Wright Anything". YouTube, 2020. Disponível em: www.youtube.com/watch?v=sla0T4X-I80. Acesso em: 29 mar. 2021.

Este livro foi impresso pela Leograf
para a Thomas Nelson Brasil.
A fonte usada no miolo é Karmina
O papel do miolo é pólen natural 80g/m².